그늘의 집

김성우 첫 시집

그늘의 집

도서출판 두엄

▣ 여는 글

경자년(更子年)에 첫 시집을 낸다.

몇몇 지인들의 독려와 통속적인 생각으로 시집을 묶기로 해본다.

새로이 개설하려는 "시 창작교실" 수업에도 다소간의 이력이 될 것도 같고 시집을 낸다는 것이 제법이나 홍미로운 일이기도 하였다.

그간 써놓은 시편들 중에서 별다른 의미 없이 100편을 추려보았다.

처음 내는 시집이 대충의 구색을 갖추는 것도 괜찮겠다 싶어 몇몇 시집들의 구성을 참고삼아 얇은 나의 생각을 산문으로 옮겨보기도 하고 의미 있는 지인에게 몇 자 써 달라 어리광도 부려보았다.

그리고 시를 평(評)할만한 위치도 지식도 영 아니지만 얇은 지식으로 나의 시 3편을 자평해보는 장난기도 보태보았다.

또 여타 한 시집들과 비슷하게 1부, 2부, 3부로 나누어보았다.

1부 '맨밥은 기억처럼 달다' 에는 6권의 「낮은시」 동인집에 실린 시편들을 추려 모아 놓았다.

2부 '나는 봄을 기다린다' 에는 여기저기 혼자 뒹굴고 있던 몇몇 시편들과 한국방송대학교 「길샘 문학회」 회보에 실린 시편들, 『경남작가』 에 실린 시편들 그리고 최근에 썼던 시편들을 추려 모아놓았다.

3부 '새벽 세시에 對하여' 에는 인쇄소에서 묶었던 『새벽 세시에 對하여』(1993년)와 『여인상』(1995년)에 실린 시편들 중 15편을 추려 모아놓았다.

시집을 묶는 과정 하나하나에 늘 애정 어린 머릿결로 지지해준 아내 한선미 동인과 나의 어리광스런 부탁을 흔쾌히 들어준 아내 다음으로 가장 가깝고 홍미로운 문우, 박현숙 동인에게 고마운 마음을 지면을 통해 밝혀본다.

2020. 2. 24.

— 작은 房에서 김성우

차례

▣ 2부 나는 봄을 기다린다

▣ 3부 새벽 세시에 대하여

제1부

맨밥은 기억처럼 달다

검정 구두

팔월 두 번째 일요일 검정 구두를 신고 사거리를 지나 교회 간다 피로 속에 숨겨둔 휘파람을 꺼내어 슬픔이며 고독이며 넘어져 있는 열정이며 그런 소소한 것들을 정리하고
보이지 않는 친구들을
조용하게 어두웠던 새벽을
결핵처럼 흔들렸던 몸부림을
참을 수 없어 토해낸 기침처럼(기억하고 그리워하고) 기도를 한다 지난 월요일부터 토요일까지 또는 내일부터 아직 오지도 않은 토요일까지
보이지 않는 친구들을 그리워하며 기도를 한다
뚜벅뚜벅 예배당 2층 길고 조용한 복도를 지날 때 건조하고 투명한 검정 구두 표면 위로 외로워서 울어보았던 기억들이 비친다 구두 표면이 더 반짝거릴수록 아픔이
보이지 않는 와이셔츠가 더 하얗게 내 몸을 감싸고 나도 하얗게 웃어본다

2010. 08. 10

어두워진 房에서

너의 얼굴은 어여쁘고 작은 이름을 부르며 울고 있다네 빛나는 것들을 새벽 강가에 두고서 밤 달처럼 울고 있다네 내 삶이 어두워진 만큼 빛이 나는 어린 너의 이름을 며칠 동안 불러보고 불러보다가 저만치 가버린 옛 애인들의 향기를 만지작거리며 나도 울어보고 싶었다네 너의 이름만큼 울어보고 싶다네 J.

당신을 이렇게 보내고 나서 나는 내 몸과 여타한 아름다운 것들을 위하여 일을 하고 몇 장의 돈을 세고 지금 식탁에 앉아 있어요 당신이 남기고 간 잔반들을 바라보면서 내가 남기고 떠나온 것들을 헤어 보아요 싱싱하게 누워있던 눈물이며 초록같이 빛이 나던 비밀들이며 봄날같이 날아들던 쓸쓸한 노래들이며 아 J. 기억이나 하나요 야했던 우리들의 신혼을 첫날밤을 첫 키스를 생각이나 하나요 그날 우리가 만날 수 없었던 理由를 말해줄 수는 없었나요 나는 당신을 사랑했고 당신은 나의 입술과 머리카락 저녁처럼 떨고 있는 내 가슴을 만져주고 만져주고(당신의 손길을 기다리고 그리워하고) 무엇보다 꽃잎 같은 휘파람이 당신에게 나에게 흐르고 있었는데 당신은 그날같이 떠나가나요 어두워진 내 슬픔이 좋아 그렇게 떠나가나요 가버린 당신

2010. 09. 20

2010년 며칠간의 여름휴가

몇 날 동안 그리움과 열정이 통제되어 아무런 운동도 어떤 에너지도 만날 수 없다 4호 태풍 덴무 여느 해와 다르게 생기 있는 초록별바람이 조금도 일지 않는다

잠에서 깨어나 나에게 돌아오는 길목 : 8월 11일 오전 7시부터 술 냄새 흔들리며 앉아있는 오후 11시까지

세계여 보이지 않고 아리운 나의 세계여
오늘은 만날 수가 없어
눈물이 고이지 않는 저녁 길에 앉아
마른 마음 하나 들고 있노라
내 그리움이여

내 사랑이여 무덤가엔 아직 반디디치 한 송이 보이지 않고 떡깔나무 껍질이 어둑하게 앉아 내내 아름다웠던 不遇를 기억하고 늘상 돌아오지 않는 연애를 기다린다 그때마다 두렵고 조용한 기쁨을 묘비 앞에 놓아두고 여기저기 떨어져 있는 초록별바람을 줍곤 했었지 아, 분리되지 않은 나의 슬픔이여
우울하고 마른 나의 휴가여

2010. 08. 11

그늘이 江을 건널 수 있을까

江을 넘어 눈물이 사랑을 따라 너에게 간다

그늘을 피해 사는 것과 당신의 편지 속에서 살아가는 것 두 가지의 방법을 생각했어요 당신은 달빛 구르는 담벼락처럼 달력을 넘어갔지요 그래요 J 당신이 일러 준대로 나는 달려왔어요 하지만 당신은 보이지 않고 江물만 넘쳐흐르네요 달빛이 이토록 밝은데 이제 나는 어디로 가야 하나요 소나무 한 그루 S자로 흐르고 있네요 나도 소나무처럼 S라인 몸매로 굽어 살아가 볼까요 이름을 지워나 볼까요 멀리 산등성이를 따라 별빛들이 보이네요 별빛 아래로 그늘이 흐르고 당신이 보이지 않는 어둠도 보이네요 그 속에 있나요 당신 강가에 누워있는 자갈 속에 있나요

2009. 11. 28

흔적

혼자 있는 房이 지난 10월의 기억으로 누워있어요

흔적은 당신의 시간만큼 남아
당신은 나의 시간만큼 남아

오늘은 휘파람을 불어 보아요

휘파람 속에선 우물도 깊어
기억이 더욱 흔들리네요
기억이 당신을 그리워하여
나도 기억을 따라 그리워하여 봅니다

그리워하다 보니
당신의 흔적을 따라
아세클로페낙* 같은 웃음이 따라오네요

2010. 07. 06

*아세클로페낙 : 소염 진통제의 일종

속도의 잔량으로 걸어간다

홀로 누운 저 낮달도 조용하게 꿈을 꾸고 있는데 아득한 산길을 따라 나는 오지 않는 내일처럼 걸어가고 있다네 멀리 있는 어린 신부여 나의 벗이여 벌써부터 파랗게 숨어버린 무밭을 지나 덤성덤성 흔들리는 누런 풀들을 바라보며 여분의 공간과 여분의 슬픔들을 기다리고 그리워하고 또 기다리다가 나는 기억을 놓아버렸다네 그 깊었던 새벽별들을 놓아 버렸다네 중년이 된 나이에 어린 너의 이름을 달빛보다 더 멀리 달빛보다 더 선명하게 불러본다네 너의 이름은 마을 어귀에서 기다리는 초록별처럼 멀리 누워 있다네 오지 않는 내일처럼 누워있다네

2010. 08. 09

지렁이

아무것도 보이지 않고 아무것도 들리지 않아요
아무도 없는 공원에서
소리마저 조용한 땅 위에서
하나하나 내 몸을 비틀어
슬픔을 움츠려
그리움을 재생시키고 있어요
나는 내 안의 나와 사랑을 하고
내 안의 나와 미움을 나누고
내 안의 나와 열정의 밤을 보내어요
내 몸은 너무나 민감하여
나를 둘로 나누고 또 나를 둘로 나누어도
나는 여전히 사랑을 하고
두 개의 세계를 기어가고 있어요

2010. 08. 10

휘파람이 없는 길

어둑한 이 나라에 왔네요

사람들은 저만치서 조용하고

그림자들이
길이
보이지 않아 깊은 고요들이
흘러가고 있네요

저 홀로 누운 별들이
또다시 깊어지는데

서늘한 나의 행성도
가라앉은
산자락을 보듬어 안고

휘파람도 없이

이 어둑한 의자에 앉아

저만치서 사람들이 걸어가네요

2010. 08. 15

그대는 그대의 나를 사랑한다

2009년 10월 23일 가을이 바람사이로 흔적을 흘리고
나는 거실에서 나의 꽃을 사랑하고 있어요
그래요 J 내가 그대가 사는 곳으로 갈 수가 없고
내가 그대의 말을 알아들을 수 없듯이 J
그대도 나의 房으로 들어올 수는 없는 것이겠지요
그대가 나의 房으로 들어오는 그때에 나의 꽃은 시들어버리게 되겠지만
나는 뭐랄까 그래도 그대를 기다리고 싶어요
나의 침실에서 그대를 볼 수는 없겠지만(몇 달 전에 내가 꽃을 나의 침실로 끌어들였는데 순간 그 꽃이 껍데기만 남기고 사라져버렸어요) 오늘도 나의 침실은 아름다워요
J 오늘 밤 또다시 나를 내어버리지 않고는 잠을 잘 수가 없겠지요 하지만 이전부터 오랫동안 나는 나를 버리지 않고 그대의 꽃을 사랑하고 있어요

2009. 10. 23

초록 나뭇잎을 바라보며

늘 초록 나뭇잎 끄트머리에서 움직였다 나는 그 안에서 머물며 뜨거워지고 쓸쓸하였다 사라진 ㅊ을(만나고 싶은 ㅊ을) 생각하며 오늘 내 안에 눕는다 나의 타는 마음에 머물렀던 너는

잠시 어여쁘지 않았더냐 옆길에 서 있는 작은 ㅊ처럼 누워 있던 낮은 그림자 하나 만나지 않았더냐 비로소 홀로 떨고 있는 나의 삶을 보지도 않았더냐 만지지도 않았더냐 안개 속에서 눈물처럼 앉아있지 않더냐 通俗의 기다림이 아득한 청춘을 보내고 만나지 않은 첫사랑이 하염없이 바라보고 있다 다시 그리운 그대

첫 애 이름에 대한 사소한 의미

善佑, 결혼 10년 만에 태어나 이제 10개월이 된 첫 애 이름이다
아내의 이름 첫字와 내 이름 끝字를 붙여
선미 선字에 성우 우字를 썼다
이 이름字엔 몇 개의 얄팍한 기술이 들어 있다
훗날 어느 때에라도 아내가
나에게 화가 나 분을 풀어야만 할 때
발음이 내 이름과 비슷한 선우의 이름으로 대신할 수 있고
나보다 8년 늦게 태어난 아내를 대우하자는 취지에서
아내의 이름 첫字를 먼저 하고 나의 이름 끝字를 뒤에 하였다
한자의 뜻풀이대로
착하고 삶에 대하여 도움이 되는 사람이 되었으면 하는
사소한 놀이도 들어가 있다

나는 선우가 열다섯 살이나 열여섯이 되는 해 정도에
담배와 술을 만났으면 하는 기대가 있다
그때 만나는 담배가
흔들리는 교실 뒤에서 한 모금의 낭만적인 여유를 갖고

벽으로 쌓인 공간을 빠져나가는 한 모금의 연기와 같이
외부의 물리적인 자기로부터 빠져나갈 수 있는
생각의 방을 만들어
어느 때라도 문을 열고 드나들 수 있었으면 좋겠다
그때 만나는 술잔이 친구를 담으면 좋겠고
그때 만나는 술잔이 사랑을 담았으면 좋겠다
사실의 세계와 심리의 세계를 넘나들며
몸이 흔들려도 좋겠고
그 흔들리는 세계에 머물러도 좋겠다

그리고 나는 선우의 첫사랑이 보고 싶다
그 부드러운 아픔이 그립고
그 서투른 봄날의 상처가 그립다

그러고 나서 그러고 나서
나는 선우를 만나고 싶다

2010. 08. 11

웅덩이

이파리들이 허물어지며 그늘진 풍경을 따라 한참을 걸어다녔어 수많은 길들이 웅덩이 속으로 고이고 가끔은 단단한 바닥을 보이기 시작했지 얕은 바닥에는 주름처럼 오그라든 기억들이 앉아 있었어(누가 웅덩이가 얕다고 했을까) 퇴적암보다 오래된 먼지 속에서 희끗한 수포를 수없이 내뿜으며 부유물처럼 가라앉고 있는 슬픔들을 줍고 있었지 어느 빗물이 흘린 슬픔인지 눅눅한 벽에 기대어 밤늦도록 춥고 흐린 가로등의 눈물인지 아무도 보이지 않았던 골목길이 허공처럼 부르르 떨며 안아보았던 한기인지 여름도 아니었고 겨울도 아니었지 늘 오는 삶의 한 귀퉁이에서 목마르게 달려든 건 너무 많은 그늘들이 허공 속에 엉켜있었던 거야 바람도 아니고 실체도 아니었어 아무런 말도 하지 않는 목소리, 들리지 않는 울음 같은 것이었어(아직 가보지 못한 나라 보이지 않는 사막에서 눈물이 흐르고 있는 낙타의 커다란 두 눈이 생각나 막막한 두 눈이 어쩌자고 사막 한 가운 델 보고 있었는지 등에 짊어진 혹은 또 얼마나 깊이 쌓여 있었는지 아아 나는 모르겠어 낙타들이 어디로 가고 있는지 지금 살고 있는 곳이 어디인지 나는 모르겠어) 길을 따라 한참을 걸어가다 보면 길들이 웅덩이를 만들고 가끔은 웅덩이 속에 울음을 쌓아두는 거야 그늘 속에선 그렇게 걸어가는 거야

2006. 06. 10

그늘의 집

젖은 신발은 마르지 않았다 어김없이 일요일은 온다
아내가 다니는 교회에서도 젖은 신발들이 웅얼거리며 인사를 했다
안녕하세요 오늘도 비가 오네요
(안경 너머로 비는 보이지 않았다 이 거리에는 비가 보이지 않는다 아니 보이지 않게 내리고 있는지도 모른다 보이는 비는 벌써부터 사라져 버렸을 것이다 서점에서 시집 코너가 사라진 것처럼)
네 안녕하세요
비가 올 때 거리는 온통 그늘이었다
나는 그늘이 좋았다
건조하지 않아서 좋았고 울 수 있어서 좋았다
사람들은 자신들의 그늘에 대해서 말하는 것을 싫어하는 듯했다
신문들도 그늘에 대해서는 한 줄의 활자도 내주지 않았고
아내가 다니는 교회에서조차 그늘에 대해서 말하지 않는다
(사나이 예수는 누구에게 그의 그늘을 말할 수 있었을까 혼자서 제자들과 다녔던 사나이 예수는 외롭다고 말하지 않았다 십자가를 메고 갈 때 그는 두려움을 말하지 않았다 남겨둔 제자들 때문에 눈물을 보

여주지도 않았다 그는 여인들이 이쁘다고 나는 사내라고 아무에게도 말하지 않았다)

그늘 아래 누워있는 축축한 기억처럼 베드로도 나도 예수의 그늘을 좋아했다

그늘을 생각하며 기도를 하고 집으로 돌아온다

젖은 신발을 벗고 담배를 피웠다

담배연기 사이로 나의 그늘이 보인다

슬퍼서 울어보았다

아내는 내가 우는 것을 싫어하지 않는다

눈물이 내 몸에서 나오는 것처럼 슬픔은 내 몸에서 살아간다

생각도 내 몸일까 그늘은 내 몸 어디일까

내 몸의 뿌리는 하얀 뼈 조각이 아닐 것이다

내 몸의 뿌리는 그늘 위에 서 있는 눈물일 수도 있다

(그럼 슬플 때마다 내 몸은 마르지 않은 뿌리를 내뱉고 있었단 말인가)

탄성을 누르며 냉장고에서 블루마린*을 꺼내어 내 몸속으로 흘려보낸다

부디 해양심층수 같은 청정 눈물로 자라기를 바라보았다

내일은 젖어 있는 신발도 그늘 아래서 꿈을 꿀 것이다

2008. 10. 09

*블루마린 : 롯데칠성음료가 판매하는 생수, 동해에서 취수한 프리미엄 해양심층수라고 광고

바퀴벌레

오래된 형광등이 전기 흐르는 소릴 감고 있다 지친 소리인지 우는 소리인지 윙윙거리는 날갯짓 같은 소리가 차고 둔탁한 바닥을 두드린다(어디에서부터 잘못된 것일까) 바닥 구석진 곳에서 몸뚱이보다 더 긴 더듬이로 악취를 몰고 가는 바퀴벌레 소름 끼치는 검은 날개를 드리우고 속도를 타고 기어가고 있다(저 놈, 지금 어디로 가는 것일까)

별은 보이지 않아 어둡고 조용한 날들이 달빛 비추인 담벼락을 타고 놀았다 이야기 하는 소리 하나 들리지 않는 낡은 그 집은 내부가 썩어가고 냄새도 점점 심해져 갔다 날카로운 독설과 시커먼 기침들이 크고 작은 벽에 부딪혀 상처를 내고 있었고 독한 울음 아래 웅크리고 앉아 슬픔이 자지러지는 풍경들을 바라보곤 했다 먹고사는 일은 기막힌 것이었다 질기게 살아남아 모든 껍데기들에게 입술을 갖다 대어야만 했고 더러는 놀이같이 빠르게 도망쳐야 했었다 두려움보다 긴 더듬이를 따라 아무도 따라오지 않는 골목길 아래에서 폐수 같은 고지방 덩어리가 내 몸을 감싸고 그때부터 검은 턱수염 아래로 늘 악취가 따라다녔다

2006. 05. 25

폭우

어둠보다 무거웠다

바닥보다 더 깊숙한 허공이 힘이 겨운 어깨를 짓누르고 가지들이 여린 잎들을 붙든 채 뿌리에서 찢겨 나갔다 낡고 오래된 그늘들이, 보이지 않는 비명들이 조용한 한기 속에서 오그라들고 있었다 두렵고 가느다란 숨소리가 달려드는 토사에 깔린다 내려앉는다 무겁고 위태로운 길들이 주저앉은 지하의 房에서 가슴을 파헤치며 쓰러진다 허공을 끌어안고 불빛마저 끊어진 한기의 동네에서 우리는 얼마나 오랫동안 기다려야 할까 끊어진 저 길들을 어떻게 건너야만 할까 자꾸만 넘어지는 길들이, 웅크렸던 기억들이, 한숨을 등에 지고 서 있다 눈물로 서 있다

2006. 07. 21

카멜레온 감정에 따라 변한다

빛에 노출과 온도에 따라, 사랑에 대한 끌림에의 감정이 변화를 일으킨다

약하고 비겁하여 움직일 때마다 나는 괴물입니다 벌겋게 달아오르는 때는 눈에 뵈는 게 없어 기억을 견뎌내지 못하는 색깔입니다 날카로운 이빨입니다 나의 노래는 괴물입니다 어떻게든 나의 색깔을 감추고서 소리를 내고 허공 속에서 춤을 춥니다 메마른 춤을 춥니다 그래서 나의 노래는 괴물입니다 허공에 매달린 가지입니다 기억에 쫓겨 사는 짐승입니다 그때마다 진짜 노래를 부르고 싶어 모든 색깔을 바꿉니다 한순간 내 모습 그대로 살아갈 수 있다면 언제든지 색깔을 바꿀 수 있겠습니다 돌아온 길을 따라 조용히 걸어간다면 노래를 부를 수도 있겠습니다 눈물을 디디며 초록으로 달아오르는 풀잎들의 춤이 될 수 있겠습니다 그때에 나는 당신의 색깔이 될 겁니다 세월을 안고 달려온 당신의 빛나는 나팔입니다

2008. 06. 29

空中에서 자라나는 물에 對하여

나무와 나무가 푸르게 짙어 풀잎들도 이파리처럼 움직이고 몸과 몸이 달아올라 더는 참을 수 없는 밤이 오면 초록의 휘파람이 노래를 부릅니다 외롭게 누워 있는 습지처럼 노래를 부릅니다 그때마다 나무도 자라고 당신도 자랍니다 나무를 타고 도는 휘파람이 地下에서 고요한 물을 데리고 노래처럼 흐른다면, 뿌리 속에서 늘 적셔줄 수 있다면 나무는 그저 이파리 속에서 옷을 벗는 宇宙의 속살처럼 바알갛게 빛이 날 테지요 상처를 안고서도 늘 고요한 습지처럼 생명의 노래를 부를 수 있을 겁니다 하지만 그늘을 데리고 흔들렸던 예수처럼 휘파람이 空中에 앉아 흔들릴 때에도 동굴 속에선 기다랗게 달려드는 거미의 건조한 눈물들이 풀잎들을 적시고 뿌리 속 처음의 記憶에까지 파고들면 가지 끝으로 고통이 매달리고 상처가 습지마저 흔들어 버립니다 그때에도 예수의 그늘에서 자라온 조용한 空中만은 흔들 수 없습니다 詩의 눈물만은 흔들릴 수 없겠습니다 당신이 자라온 空中에서는 상처도 흔들리지 않고 나무를 바라보고 풀잎들이 푸르게 달아올라 작은 저녁 속에서 옷을 벗고 휘파람은 이파리 위에 누워 있는데 달빛이 노래를 부릅니다 초록은 초록으로 흔들리고 당신은 푸르게 흔들리겠습니다 나무와 함께 흔들리겠습니다

2008. 08. 31

맨밥은 기억처럼 달다

그 날 이후 당신은

맨밥을 먹어 보셨나요 아무런 반찬도 없이 허기를 지워 보셨나요 당신은 아파트로 이사를 가셨어요 왠지는 몰라요 당신도 사람들과 모여 살고 싶었던가 봐요 사람들은 자구만 아파트로 이사를 가네요 제각각 이사를 가고 제각각 모여서 제각각 외로워하더라고요 나의 식탁도 외로워하고 있어요

J 그럴 때마다 현관문을 열면
먼저 돌덩이 같은 허공들이 당신을 반겨줄 것이야
우리들의 미래는 그런 것이지
나를 떠난 당신처럼
기억을 놓지 못하고 허공 속을 돌아다니는 것이야 J

나는 미래의 기억이 무서워요 기억은 생각이 아니고 움직이는 허공이죠 사랑이 끝나면 기억은 각각의 옷을 입고서 돌아다니기 시작하죠 그때부터 시간이 꿈틀거리고 외로움을 멈출 수가 없어요 지금은 식탁 위에서 투명의 그릇과 투명의 기다림이 맨밥을 먹고 있어요 나는 가만히 앉아 격렬했던 기

억을 그리워하며 기다리고 있어야만 해요 안녕 내 사랑

추신 : 우리들의 기억은 그때 어디로 간 것일까(우리들의 딸들은 어딜 가고 우리들의 아들들은 어딜 간 것일까 큰 방에서 티브이가 고함을 지르고 작은 방에선 포르노가 PC를 뚫고 거친 호흡으로 돌아다니는데 도대체 어디로 간 것일까 어디로 가고 있는 것일까)

2008. 11. 22

개나리

순수한 살점으로 자라는 肉情의 하늘 아래서 쓸쓸한 농토에 상처를 뿌리고 있는 농부에게, 쓸 수 없는 신용카드만 지갑에 넣어 다녀 인권마저 연체되어버린 가장에게, 아침이나 점심 시도 때도 없이 집도 절도 없어 노숙을 하는 사내에게조차 달아오르는 너는 노오랗게 노랗게 온 몸으로 달아오르고 있구나

삼월이 오면 어쩔 줄 모르는 너는 처녀다 목련의 전설 속에서* 상처 받은 온갖 남정네들에게, 200만이 넘은 신용불량거래자들에게도 노오란 속살부터 보여 주는 헤픈 처녀다 가난한 사람들이 도로를 만들어 고급 승용차에 깔려 사는 무서운 이 땅에서 온 몸을 다 내어주는 너는 毓精의 처녀다

2001. 04. 02

*목련의 전설 : 옛날 하늘나라 왕에게 아름다운 공주가 있었다. 많은 귀공자들이 공주를 따랐으나 이 공주는 아랑곳하지 않고 늠름한 북쪽 바다지기 사나이만을 좋아하였다. 그러나 어느 날 공주는 궁전을 빠져나와 멀리 북쪽 바다지기 사나이를 찾아가게 된다. 하지만 그에게는 이미 아내가 있었고 이룰 수 없는 사랑을 비관한 나머지 공주는 바다에 몸을 던져 죽게 된다. 뒤늦게 이 사실을 알게 된 바다지기는 공주의 시신을 찾아 고이 묻어 주고 공주를 추모하여 약을 먹여 자신의 아내를 죽이고 공주의 무덤 옆에 나란히 묻어 주었다. 그 후 이 사실을 알게 된 하늘나라 왕은 공주는 백목련으로, 바다지기의 아내는 자목련으로 피어나게 하였다 : 오직 한 사람을 향한 지고지순한 사랑

토끼

별꽃을 보면 달아올라요 거칠었던 야생의 시절에 내 몸은 점점 뜨거워졌고 그때부터 나의 귀가 자라기 시작했어요 내 몸은 너무도 더워 정말이지 너무나 더워 달아오르는 내면의 열을 방출하기 위해서는 더 커다란 귀가 필요했던 거지요 알다시피 나의 귀에는 내면의 많은 혈관이 모여 있어 늘 뜨거운 상태랍니다 그러니 제발 나를 만질 때 나의 귀를 잡지 마세요 너무나 아프답니다 뿐만 아니라 아픔에 바동거리는 내 꼴은 정말이지 참담한 고통입니다 그렇지 않아도 나는 너무나 비참한 삶을 살고 있어요 아니, 생존 자체가 바로 비참이라 해도 틀린 말이 아니랍니다 가만히 나를 지켜보세요 나는 나의 똥을 먹고살아요 더러운 나의 배설물을 내가 다시 먹는단 말입니다 의사는 그것을 식분증이라고 부르더군요 물론 늘 부족한 내면의 영양분 때문에 나의 똥을 먹어 보기로 하였지만 나의 항문에 나의 주둥이를 갖다 대고 내가, 나의, 똥을, 받아먹어야 할 때는 정말이지 마늘을 먹고 죽어버리고 싶을 때가 한두 번이 아니었답니다 참 참담한 생존이지만 그래도 거칠었던 야생의 기억이 그리운 상처로 살아가게 한답니다

2001. 04. 17

햇살은 흔들리지 않는다

1.

벚꽃이 바람에 휘둘릴 때 유영하던 꽃잎이 햇살에 꽂히면서 빙어, 빙어, 빙어, 눈보다 더 가벼운 빙어가 나무보다 더 가볍게 흐른다 빙어는 흘러서 한 번의 신기루를 만들지만 햇살은 바람에 흐르지 않는다 어둠 속에서 거대하게 거대하게 움직이는 햇살은 바람에 흔들리지 않는 꽃이다 유영하는 꽃잎이 빙어가 되게 하는 꽃이다

2.

나는 교문 밖에서 학교를 다녔다 어머니의 눈 속에는 슬픔이 자라고 나는 나의 슬픔에 눈이 부셔 주인 없는 교문 주위를 서성거리다가 휘파람이나 불렀던 오후 폐결핵은 내 청춘을 허옇게 색칠하였고 봄은 언제나 외로운 골방이었다 생기도 없었고 휘파람이나 불렀다 그렇게 어두워지던 저녁 휘파람이 알코올 속에서 자라기 시작하였다 그 시절 휘파람 속에서 움직이던 햇살은 내 손목을 끊기도 하였고 어머니의 슬픔도 햇살 속에서 생기를 얻기 시작했다 어두운 동화 속에서 튀어나온 햇살이 산란을 시작하면서 기억처럼 내 청춘을 지키고 있다

비고 : 어두운 햇살은 슬픔에 흔들리면서 움직인다

2001. 04. 09

거북이의 꿈

바다로 스며들어 흐르는 것에 몸을 맡기면 자유롭고 참 깊었어요 단단한 내부로부터 꿈틀거리는 호흡을 더 이상 가두어 둘 수 없을 때 슬픔이 꿈을 꾸어도 좋아요 뭍을 꿈꾸는 느린 질주 속에서 내 몸이 찢기고 짐승들의 아침거리가 된다 하여도 두려워하지 않아도 좋아요(어둠을 틈탄 새벽을 놓치지 말아요) 뭍에서도 호흡할 수 있는 슬픔 때문에 몸을 맡기는 아침

나를 육지로 보내려는 용왕님 불쌍한 용왕님, 용왕님이 간암 말기란 소문이 있지만 난 그게 아니란 걸 알아요 토끼 간이 정력에 좋다고 용왕님께 속삭이는 게의 거품을 우연하게 보게 되었거든요 육지를 그리워하는 나를 게는 알아차렸나 봐요 나는 게를 사랑해요 고래는 게가 나의 호흡을 시기해서 내었던 거품이라고 하지만 나는 육지가 그리울 뿐이에요 그리워서 토끼를 바닷속으로 끌어들이고 토끼에게서 간을 꺼내고 나면… 그립다고 토기의 호흡을 외면할 수는 없는 것이잖아요 한 번도 만나 보지 못해 토끼가 그립기도 하네요(바다로 돌아오지 않으면 돼요 가끔 흐르기가 너무 힘들었어요) 상상이 그리움이 되나요

그리움이 늙어 더욱 단단해져 가고
바다에서 물에서 꿈을 꾸는 중입니다

2002. 02. 28

아킬레우스*

평화유지군을 아시나요 1948년 인류의 평화를 위해 만든 UN의 군대를 아시나요 거기에는 거대한 명분의 물결과 인류의 평화만이 있을 뿐 민족이나 개인은 없어요 민족과 개인들은 부디 싸우지를 마세요 그들에게 대항하지 마세요 분노하지도 마세요 끽소리 하지 말고 그들의 총과 부드러운 눈치를 살피세요 그들의 뒤에는 평화를 노리는 거대한 공룡들이 만반의 준비를 하고 있지요 그들의 총은 평화랍니다 대항하지만 않으면 평화랍니다

히로시마 평화기념공원에는 섭씨 삼십만 도의 불기둥들이 십만 분의 일초 간격으로 누워 있어요 그 여름의 아침이었죠 평화기념공원을 만들기 위하여 순식간에 십수만 시민의 해골들이 히로시마 평화기념공원을 만들었고 이제 불안의 평화는 왔어요 수만의 핵이 있어 지상은 평화로워요

2001. 06. 28

*아킬레우스 : 그리스 신화에 나오는 영웅. 걸음이 몹시 바르며 트로이 전쟁 때 활약하였다. 불사신이었으나 트로이 왕자 파리스에게 유일한 약점인 발뒤꿈치에 화살을 맞아 죽었다고 한다.

장미

그리웠어요 천상의 상처를 안고 피어나 어떤 빛깔이나 될 수 있는 몸이었어요 내 몸이 그를 원하고 싱싱한 젖가슴을 내어 보였을 때에도 나는 무엇이나 될 수 있는 몸인 줄만 알았어요 내 몸이 붉은 빛깔로 피어 있는 줄을 땅에 떨어진 나이 꽃잎을 보고서야 비로소 알게 되었어요 여름이 가고 자꾸만 더워지는 내 몸의 빛깔 더워지는 점점 더워지는 나의 몸 내 속살에 흐르는 천상의 물 내 속으로 들어온 천상의 빗물이 어느새 내 몸의 빛깔에 스며들어 그만을 원하는 몸이 되어 떨고 있는 줄을 더워지고 있는 줄을 내 몸에 흐르는 빛깔을 보고서야 알게 되었어요 그를 원하는 내 몸이 점점 더 뜨거워져 내 몸의 빛깔이 붉게만 되었어요

2000. 06. 12

김예수

아버지여, 만일 아버지의 뜻이어든 이 잔을 내게서 옮기시옵소서

나의 남편 이름은 예수
그렇지만 나에게는 애인이 있지요
나의 애인은 언제나 사춘기랍니다
그는 이쁘게 피어 있는 나의 유방을 좋아하며
샤월 하다가도 애무를 하지요
나도 그것이 좋아
남편이 못내 허락해 준 그를 퍽이나 좋아한답니다
(바람 난 년이라 욕해도 어쩔 수 없어요)
십이월 첫 주일
가벼이 내린 눈발의 흔적에도 그는 감동을 한답니다
담밴 THIS를 즐겨 피우지요
뉴스에서 정리해고제에 대한 소식이 나오고
노동이 얻어맞은 작업복을 입고 가녀리게 술을 마신답니다
어느 날엔가는 십삼만 원이나 하는 반지도 사 주었어요
(화투 쳐서 땄다나요)

그가 사준 반지를 끼고 남편에게 조금 미안한 마음인데
그는 나를 옆에 하고
탤런트 박소현이를 이쁘다 하네요
그래도 그는 나의 애인입니다
나의 운명적인 애인입니다

1998. 12. 09

순녀

패랭이꽃이 결핵처럼 허물어지던 유년의 오후가 처마 밑으로 흐르던 안개를 따라 조그마한 골목 끝으로 시장이 놓이고 부풀어 오르던 가난이 빈대떡 굽는 어머니 옆에 쪼그리고 앉아 아, 머리칼 같은 슬픔으로 순녀를 보고 말았어 정맥을 타고 흐르는 유채 향을 심장 속으로 밀어 놓고 순녀, 순녀, 순녀의 탄력 있는 박동 소리가 내 혈액 속에 흐르는 안개 소리 때문에 깊숙이 누워있었던 여름, 장마는 가고 순녀는 연탄재 위로 쓰러져버렸지 그 날 가난은 왜 연탄불을 피웠는지 몰라

2001. 06. 12

어머니

나는 몰라 어머니가 어느 행성의 슬픔을 데리고 와서 눈물로 키우는 장미 밭에 서 있는 줄을 행성에서 달려온 우기의 하늘이 장미 밭에 온통 붉은 색칠을 하고 어머니의 백발이 웃고 있는 마네킹 옆에 앉아 어느 행성으로 팔려가고 싶었는지 몰라 알알이 열렸던 콩밭을 가난한 쟁기가 바쁘게 갈아엎을 때 허리가 끊어지고 수염뿌리를 드러낸 채 고랑 위에 누워있었던 달래 그래 그랬어 달래가 힘들게 피어나던 열아홉 살이었어 달래가 숨죽이고 봄을 기다리고 있을 때 보리밭 지고 치렀던 혼례 열아홉 신랑 얼굴도 모르고 건너와 버렸던 시집이었어 남편이 술病인 줄도 몰랐어 노름꾼인 줄도 몰랐어 아, 어머니는 몰랐어 향긋했던 봄나물이 허리가 잘리고 수염뿌리를 허옇게 드러낸 그 달래인 줄을 늘 멍이 들어 뒤집히는 밥상 위에 허겁지겁 쓰러지는 행주가 될 줄 몰랐었던 거야

2001. 06. 21

안개는 소리가 없다

사람들이 놓여있고 바람이 떠 있는 마을 어귀에 꽃이 보이고 연기가 숨어있는 굴뚝 아래로 순한 표정으로 졸고 있는 삽살개와 움직이는 아이들도 이 마을엔 소리가 없습니다 겨울바람이 나무들 사이로 빠르게 지나갈 때 아낙들의 부엌에서 그릇이 떨어지고 아침햇살이 내리면 가난의 슬픔에라도 소리가 있을 법 한데

안개가 흐르면서

안개가 흐르면서

마을에 덤프트럭이 달려들어 요란한 건물들이 세워지고 동네 아저씨가 노래방을 만들어 사람들로 노래를 부르게 하고 처녀들은 별을 세어 새벽에 집에 들어가는데

그때에도 안개가 흐르면서 소리를 만들지 않습니다

1999. 11. 04

꽃들은 사랑하지 않고 살 수 없다

햇살의 견고한 움직임이 아침부터 스며들더니 거침없이 녹아 몸속으로 들어오고 더는 견딜 수 없어 밤이면 기억의 울음을 안고 달에게로 달려가는 햇·살·의 원형으로부터 내려온 나무의 기다림을 알게 되면서 꽃들은 온몸으로 외롭다 나무의 기다림이 꽃들에게로 흘러들어 열매를 보지 못하더라도 꽃들은 옷을 벗는다 속살을 다 내어줄 순 없어도 바람에 속살을 비벼대는 순간의 절정을, 속살의 향내를, 나의 속살에 차가운 새벽이 흔적을 남겨 몸서리치게 떨면서 상처같이 떨어진다 하여도 지하의 어둠을 안고 늘 서 있는 나무와 바람이 만날 수만 있다면, 외롭지 않을 수만 있다면 나의 속 최후의 은밀한 정자까지 다 내어 주리라

2003. 03. 21

어쩌다 늪이네요

안개 속에 누우면 꿈을 꾸어도 좋아요
사랑을 하다
어쩌다 늪이네요
늪 속에서 세포분열이 왕성한 내 사랑은

불안이 질주하는
터널 같아요
터널을 빠져나가도 밤일 수도 있어요
뉴-스는 필요 없어요
헤드라이트를 켜세요 절박하게
〈위험 급 커버지점, 사고 많은 곳〉

어쩌다 늪이네요
꿈을 꾸어도 좋아요

1999. 11. 09

봄비

부슬부슬한 슬픔들이 단단하기만 할 것 같은 나무들을 적시고 있다 스며들고 있는 물기 때문에 날이 저무는 골목에 첫사랑이 바람을 안고 흐르고 있다 바람은 범할 수 없는 순결한 목소리 어릴 적부터 있었던 가벼운 첫사랑이다 굴비 장사를 하고 있는 친구가 쉬는 날 유유한 내면의 자유를 데리고 용지 연못을 돌다 보면 바람이 일고 첫사랑 같은 봄비가 내린다 나는 봄비를 기다렸다 봄비가 오면 보고 싶은 얼굴들이 전화를 하고 바람처럼 봄이 오리라 내 처음의 노래가 첫 키스처럼 온 동리를 적실 때 비로소 나무들은 허물어지고 꽃 속으로 스며드는 첫사랑을 아, 그리운 목소리로 다가오는 저 벗어날 수 없는 굴레, 봄비가 내리고 있다

2001. 03. 02

북어

어딘가를 향해서 돌아다녔다 늘 움직여야 했었고 움직이고 싶었다 잔잔한 해저 동굴에선 무엇을 해야 하는지 내 죄가 무엇인지 나는 몰랐다 보이지 않는 눈앞에 먹이가 느껴지면 온 힘을 다해 빠르고 처절하게 삼켜버렸다 누렇게 들뜬 이빨 사이로 군침을 흘리면서 굶주림을 만지작거렸다 그래도 늘 배가 고팠다 외로움도 가난해서 우리는 돌아다녔다 어둡고 조용했던 울음을 따라 망사 같은 투명의 언어가 달려들었다 가늘고 질긴 실낱들 속으로 속도가 빨려 들어갔다 그물 속에는 아무것도 없었다 내 삶의 끝은 그렇게 시작됐었다

다시 돌아갈 수 없는 외로움이 어딘가로 실려 가고 있었다 그리고 차가운 바닥 위로 내동댕이쳐진 슬픔들 이제 내 몸은 점점 뻣뻣해져 가리라 달빛도 점점 뻣뻣해져 가고 이제 내 배를 가르고 내장 속에 고여 있는 비릿한 의식마저 끄집어 내리라 심장을 말리는 36.5℃ 날카로운 햇볕이 나의 내부 깊숙한 곳까지 꾹 꾹 파고들어 보이지 않는 눈알마저 말리고 나서 육각의 단단한 몽둥이로 두들겨 패고 또 패고 몇 날 동안 두드려 맞을 때까지 내 죄가 무엇인지 나는 몰랐다

2005. 08. 09

거미줄 아래서

촘촘한 거미줄 아래에서 끌려가는 밥알 하나 달빛이 조용하게 넘어지는 밤에 새까만 개미들 쫓기듯 움직이고 있다 아무리 보아도 허리 잘룩한 그 모습이 디스크 재발한 김氏 같아 소주 한 병 사러 그늘 속에 웅크린 행복슈퍼 보인다 행복 팔아요? 그늘같이 웃는 하루하루가 언젠가는 끝이 나겠지요. 매일 웃는 습관처럼 아이들도 자라고 먼지 위에 서 있는 부동의 소주병들도 그 끝은 있지 않겠어요 슈퍼 주인의 한숨을 헤치며 조용하게 그림자들이 지나간다 달빛도 그렇게 지나간다

2005. 09. 23

감시 카메라

도로에서는 감시 카메라가 속도를 기다리고 있다 속도에 중독된 나무며 바람이며 의식이여 부동의 가로등이 건조한 은분 가루를 뿌리면서 오늘이 다시 추억 같지는 않으리라 눈물이 말라있는 25번 국도에서 시속 78km 아직은 괜찮아 아직은 감기 당하지 않고 있어 번쩍이며 찍어대는 쓰라린 범칙금의 고통이 나를 범 할 수는 없는 것이야 자유로운 제한속도 속에서 찬란하게 빛나는 헤드라이트를 켜고 앞차의 어두운 뒷모습을 가까이 더욱 가까이 구석구석 들추어보고 있다 저건 슬픔이고 저건 두려움이겠지 어딘가에 있을 텐데 아직은 앞차의 고통을 찾을 수가 없다 불안 속에는 분명히 있을 텐데… 구석구석 들추어 보고 있다

2005. 10. 08

마네킹

그의 내부는 단단한 껍질 속에서 빛이 나고 있다 눈물들이 간절하게 뛰어들어도 그는 흔들리지 않고 빛이 난다(記憶한다 두렵고 어두운 길모퉁이에서 조용하고 충만하였던 별빛들 죽어도 좋았던 찬란한 움직임들이 곧고 굽은 길들이 깊숙한 곳에서부터 사랑을 하고 있었다 그때 그의 내부는 너무도 조용하고 깊었다 밤에도 초록의 이파리같이 빛이 났다) 건조하고 투명한 房에서 덩그러니 앉아있다 단단한 껍질 속에서 안전하게 앉아있다

2005. 10. 20

나뭇잎은 함께 흔들린다

햇살이 아침 위에 엎어져 조그맣고 견고한 이슬이 동그랗게 허리를 구부릴 때 우리들은 내내 부끄러운 뿌리다 밤새 바람을 맞고 자란 습한 슬픔이다 움직일 수 없는 몸뚱아리 속에서 공중을 헤매는 한껏 진한 외로움이다 붉은 눈물이다 우리는 제각각 다른 울음으로 그리워하고 제각각 다른 몸짓으로 흔들리지만 하나가 흔들리면 우리는 함께 흔들린다 우리를 흔드는 것은 바람이지만 우리는 바람 때문에 흔들리지 않고 바람 때문에 외로워하지 않는다 옆에서 흔들리는 울음 때문에 우리는 괴로워하고 옆에서 흔들리는 외로움 때문에 우리는 그리워한다 제각각 뿌리를 내리고 흔들리지 않으려 견고한 눈물을 세워보지만 깊은 밤을 지나 붉고 습한 아침 위에서 함께 흔들릴 때 비로소 우리는 초록이 된다

2006. 03. 17

중앙동 오거리

한때, 늘어선 상점들이 행인들을 둘러싸고 커피들은 부드러운 슬픔을 또는 가벼운 반복들을 내뱉곤 했었다 (아파트단지가 들어서면 상가들이 들어섰고 담벼락을 따라 눅눅한 그림자를 이끌고 좌판들이 세워졌다) 택시들은 사람들을 금방 잡아먹고 금방 내뱉었다 빈틈없는 네온들이 늘어진 의식들을 깔깔거리며 흔들었고 사람들은 쓸쓸하지 않게 노래를 불렀고 쓸쓸하지 않게 고독했다 사람들이 있는 곳엔 모든 것이 복작거렸다 산다는 것이 떠나는 것인 것처럼 사람들은 지금 어디로 갔을까 이 거리를 빈 상점들이 지키게 하고 우리들은 어디로 가고 있는 것일까 악착같이 붙어있는 참담한 고요를(아, 쓸쓸한 점포 임대 광고지) 먼지들이 붙잡고 있는 진열대 위엔 슬픔들이 조용한 자리를 깔고 있는데 사람들은 기억이 아파할까 이 거리를 떠난 우리들과 이 거리에 남아있는 상점 사이엔 어떤 추억과 어떤 고요들이 누워있을까(떠나간 영혼들은 푸른 몸의 기억에서 벌써 자유로와졌을까 이별은 누가 먼저 시작했을까) 먼저 움직일 수 없는 그림자놀이를 알게 되면서 몇몇의 상점들은 아직도 중앙동 오거리에 남아있다

2006. 04. 29

재떨이

어둡고 좁다란 房에서 철 지난 책들이 숨죽이고 있다 책갈피 사이로 몇몇의 기억들이 고개를 내민다 책상 위에 웅크리고 있는 조용한 재떨이 속에는 건강에 좋지 않은 흔적들이 엎어지고 박히고 여기저기 꽁초 아래로 흔들렸던 기억들이 누워있다 너무 높이 떠 있었던 새벽, 달빛을 돌아서 걸어오던 발자국 위로 흐리고 긴 그림자들이 무더기로 엎어지곤 했었지 그때 폐부 깊숙한 곳에서 피웠던 몇 개비의 담배들은 연기같이 사라져 ㄱ자로 허리를 구부린 꽁초들만 재떨이에 수북이 쌓여있다(새벽에 기억을 몰래 버리면 벌금을 물지 않아도 될까) 담뱃잎에서 말린 햇살들은 어디로 갔을까 가난한 사람들의 기억들은 어둡고 조그만 재떨이 속에서 숨죽이고 있다

2006. 05. 13

달빛 산책

나즈막한 목소리로 불러주오

조그만 어깨 위로 달빛이 쌓여
간절한 이름 하나 흘러내리고

그 이름 따라 나 홀로 걸어갈 때
나즈막한 목소리로 불러주오

집집마다 꼭꼭 닫힌 대문들이
사람 하나 없는 저녁 길
가로등 불빛만이 길게 드리우고

흐르는 그리움이 걸어갈 제

나즈막한 목소리로 불러주오
그림자라도 불러주오

2004. 04. 16

곱사등이

그 길가로 해바라기가 만발하면서
내 눈 속에서도
해바라기 하나 자라고 있었습니다
낮게 자라는 풀들을 업신여기며
허공을 떠다니는 입술이
번들거리며 자라고 있었습니다

단단하게 자란 깨알 같은 씨앗들이
저 혼자 기름진 먼지가 되어
내 등에 차가운 종양 하나 만들었습니다
악취가 나는 종양 하나 만들었습니다

해바라기 같이 자라는 종양이
이제 내 몸마저 휘게 하고
악취를 피해 저만치 돌아앉은
사람들의 얼굴 바라봅니다

씨앗 같은 눈물 속에서 바라봅니다

풀들이 낮게 누운 그리운 길
더 낮은 곳 보라고 등이 굽었습니다
더 낮아지라고
달빛보다 무거운 혹
굽은 등 위에 지고서 걸어갑니다

2004. 04. 18

우리는 뻥튀기를 좋아하지만 그냥 두지 않는다

동네마다 햇볕이 들지 않는 그늘진 곳에서 뻥튀기 장수 깨알진 곡식들을 마구 돌려댄다 뜨거운 불로 달구어 그럴듯한 모양이 만들어지면 뻥이요 뻥 몇 배나 거대해진 튀밥들이 눈부시게 날아다닌다

우리는 강냉이며 보리 같은 것들을 들고서 뻥튀기 장수를 찾아가곤 했었다 맛있게 튀겨주세요 누렇게 들뜬 이빨 사이로 군침을 흘리면서 좀 더 크게 좀 더 바삭하게… 호주머니 속에 든 굶주림을 만지작거리며 누군가가 뻥튀기를 기다리고 있었다 뻥튀기가 나오면 누구의 것이랄 것 없이 단단해진 이빨로 부셔버릴 준비가 되어 있다 누구의 것이든 재빨리 입속으로 넣어 버릴 것이다 아무리 먹어도 굶주림에서 벗어나지 못한다 그럴 때마다 좀 더 격렬하게 아무런 생각 없이 부셔 버린다 빠샤

2004. 07. 12

나는 그림자로 살아왔다

깊은 우물 속으론 들어갈 수 없어 나의 부피는 자유롭지 절벽에서도 떨어지지 않는 울음처럼 그렇게 흐르는 거야 표정을 가질 수는 없는 거야 무엇인가를 따라서 흐를 뿐이지 총칼도 두렵지 않아 무엇인가가 움직이는 한 나도 따라서 흐를 수 있으니까 눈물마저 평면 속에 서 있어 그래서 나는 너의 깊은 우물 속으론 들어갈 수가 없는 거야

2004. 10. 07

하얀 십자가를 누가 달았을까

미완의 25번 국도, 달빛에 지친 그림자를 끌고 달리다 보면 대방동 어디쯤에 교회당이 들고 있는 하얀 십자가 하나 보인다 저렇게 하얀 십자가를 누가 달았을까, 달빛에 머리카락 헹구던 예수가 달았을까, 치수로 삶을 재는 설계도면이 달았을까, 아니면 텁수룩한 수염의 막노동꾼 김氏가 무심결에 달았을까, 가느다란 달빛이 십자가를 바라보며 하얗게 질리고 있는 25번 국도에서 언제부터 교회당이 붉은 십자가에서 자유로와졌을까

2005. 01. 07

안개 속에서 江물이 흐른다

두려움같이 퍼지고 있는 겨울
독감이 우글거리는 늪지에서

연한 달빛이 무더기로 쓰러지고

새까맣게 달려드는 새벽마다
나는 흐른다 분명하지 않는 사랑을
더욱더 분명하게 보기 위하여
저녁마다 나는 흐른다

누런 눈물들이 떠다니는 地上에서
바람같이 차가운 江가에서

그대로 인한 아픔은 얼마나 아름다운가

지하의 동굴에서 깊숙하게 올라온
선명한 이 상처가
한 치 앞 보이지 않는 곳에
있을 곳 그대가 있음을 말하리라

2005. 01. 17

칫솔질

욕망의 찌꺼기에서 발효된 언어는 폐허의 냄새가 난다

지하에서 은밀하게 검은 버섯이 자라고 있다 찬란하게 부패한 네온이 누런 어금니 아래에서 치밀하게 자라온 치석 같은 언어를 빼어 들고 우리는 싸우고 또 싸운다 그 치열한 전쟁이 끝날 때마다 깊숙한 냄새를 이끌고 폐수들이 기어 나온다

세면대를 밟고 서 있는 거울 속에 언제나 나는 혼자다 나의 얼굴은 버섯처럼 번들거리고 있다 은밀하게 번들거리는 입술을 벌리면 냄새들이 벌겋게 움직이고 있다 저 놈, 지독한 폐수의 냄새를 바르고 누렇게 서 있는 저 단단한 언어, 욕망의 찌꺼기가 언제부터 추억처럼 박혀 있었을까 하얀 원고지를 짜내어 밤새 칫솔질을 한다 인공의 치약이 폐수의 냄새를 없앨 수 있을까

2005. 02. 02

겨울

고요하게 걸어가는 담배연기가 집을 짓는다 달빛이 방 안으로 들어온 저녁, 까만 머리카락을 타고 내리는 아내의 손은 아직 곱기만 한데 나의 눈은 벌써부터 폐허를 뒤지고 있다 언제 마흔이 되어 버렸을까 벌써부터 조용한 바람이 달빛 속에서 걸어 나오고 폐허에선 울음소리 낮게 흘렀다 비어있는 의자가 스스로 고요한 공원에서 담배연기 하나 데리고 그림자가 산책을 하고 있다

2005. 02. 14

봄

독감처럼 왔다 바이러스에 감염된 공기를 타고 온 몸으로 떨어지기 위하여 질긴 동백꽃을 데리고 왔다 붉게 타들어 오던 길목 어디쯤에서 감염되었을까 견딜 수 없이 모가지 드리우는 열사처럼 타오르는 능선의 푸른 열병 속살로 맞이하는 저 순수의 오열로 무덤을 파헤치며 죽어도 좋았다 그렇게 삼월이 왔다

2004. 03. 24

휘파람을 불렀다

휘파람을 불렀다 목젖을 따라 가래가 섞여있는 기침이 두통같이 열을 낸다 홀딱 벗은 가래가 폐병을 앓았던 기억을 내뱉고 주름살을 따라 허물어지면 폐수의 냄새가 난다 어디서 살았던 냄새일까 누구에게 상처를 내고 흘러들었을까 누런 달빛의 냄새가 폐허 속에서 애인들의 순결이 찢어져도 휘파람을 불렀다 통증을 못 느끼는 심장을 만들어 인형들이 사랑의 휘파람을 불렀다

2004. 02. 24

뼈를 잘라낸 허공에

부산대학교병원 2804호 병실
종양이 뼈를 가르는 밤
한 걸음 내달리면 복도 끝 유혹처럼 창문이
끌고 온 고통의 노래 끝낼 수 있을 텐데

태양이 떠있는 밤일까 마취제가
수술대 아래로 떨어진 살점을 들고
다니면서 수액처럼 떨어지는 노래가
혈관 구석구석 입을 벌린 벌레들을 적신다
가느다란 혈관 속에서 꿈틀거린다 스멀스멀
벌레들의 구덩이가 깊숙이 파이고
늙어서 검은 종양이 갈라진 뼈 사이로 누우면
섬뜩한 메스가 물고 놓지 않으리라

뼈를 잘라낸 허공에
어떤 고통으로 햇살 같은 기둥이
들어설까 홍건한 살점들이 돌아다니며
밀려있는 촉촉한 노래들이 회복실을
걸어서 나올 수 있을까 거리마다

인형을 팔고 있는 상점들이 윙윙거리며
건조한 노래를 부르는데 전신을
적시지 않고는 수술실을 나오지 않으리라

2004. 02. 24

설거지를 하면서

설거지를 하면서 고집처럼 붙어있는 마른 밥알 하나를 만난다 그릇에 상처를 내지 않기 위하여 지금보다 더 부드러운 수세미를 찾아야 하리라 그릇 속에는 아내의 꿈들이 먼지 같이 누워 있는데 내 손에 잡힌 수세미는 언제나 거칠기만 하다 그릇의 표면에서 움직이고 있는 미세한 상처가 아내의 얼굴을 만진다 젊었던 아내의 사랑을 나는 어떻게 한 것일까 풀잎같이 나를 만나서 어디로 간 것일까 설거지를 하면서 그릇 속에서 조용한 아내를 본다

2003. 12. 22

2004 설 풍경

사람들은 벌써 지상의 장식품이 되어 있었다 장식품같이 형제들이 모이고 아들들이 노인들에게 세뱃돈을 지급하면 손녀들이 세뱃돈에게 세배를 한다 세뱃돈 없는 노인들은 골방으로 사라지고 그 끝에 신용불량에 걸린 사람들이 그림자같이 설을 보낸다 장식품 같은 설은 어디로 가는 것일까 이 땅의 열매들은 어디로 간 것일까 까치는 사라지고 그림자가 설을 쉰다

2004. 01. 27

아내

저녁에 아내는 꿈을 데리고 돌아온다 나의 외투 속에선 곰팡이가 자라고 유효기간이 지난 청춘을 아내는 알고 있는 것일까 영혼은 늙어서 나무가 되었는데 아내는 오늘도 꿈을 데리고 돌아온다 작은 노래를 아직도 부른다 아내의 머리카락에선 휘파람 냄새가 난다

2004. 01. 03

幼年의 누이

외로움을 모르는 그림자들이 얇은 미소를 가슴에 달고 움직인다 지금은 지상의 하루들이 그림자 속에서 지나가고 외로운 몸들은 골방에서나 옷을 벗는다 홀로 옷을 벗는 누이의 가슴이 티브이 속에서 언뜻 지나가는 밤, 하수구에서 우울한 눈물이 폐수와 함께 흐른다 모든 물기가 증발된 퍼석한 지상에서 알맹이 없는 지폐 다발을 들고 그림자가 걸어 다닌다 지폐 다발 속에서 사랑을 한다 지폐 다발이 아이들을 네온의 거리에서 놀게 하고 상처를 내며 누이의 가슴을 범하였다 이 땅은 누이의 슬픔으로 노래를 부르고 누이의 절망으로 춤을 춘다 벌서 여자가 되어버린 유년의 누이여, 不在의 가슴속에서 나는 운다 햇볕에 심장을 말리면서 운다

2004. 02. 09

한파

한파가 왔다 사람들은 그림자 속에서 숨을 죽이고 걸어간다 두꺼운 옷들이 삶의 모든 체온을 숨기고 이제 사람들은 이 겨울을 넘기지 못하리라 두꺼운 옷을 입은 평면의 그림자들이 얇은 미소로 연애를 건다 사랑을 할 때에도 화장을 지우지 않는다 더 이상 사랑을 기억하지 않고 만나지도 않는 우울한 겨울, 전쟁처럼 한파가 왔다

2004. 02. 06

역

어둠 속에서 흐르는
비릿한 안개 사이로

기나긴
휘파람 하나 달려온다

그대가 달려온다
맨몸으로 달려온다

맨살로 살아간다는 것은
사랑만이 유일한 희망인 것과 같이

기다림이
사랑이라서

그대 등 뒤로
긴 휘파람 하나 달려온다

2003. 12. 11

이발

내 안의 나무는 늘 움직였다 시퍼런 잎들이 가지에 매달려 흔들렸고 그때마다 바람이 가느다란 소리들을 울음 속으로 밀어 넣고는 흔적도 없이 내부로 숨어버렸다 그 울음들은 내 안의 세계들을 절망케 하기도 하고 생기로 남아있기도 하였다 흔들림 속에서 여름이 가고 잎들의 색깔이 검게 되면서부터 그 뿌리가 내 바깥에 있는 세계에서 비롯된 것을 알게 되었다 잎들의 잔영이 바깥의 세계로 나가면서 사람들의 피부를 검게 만들었고 가슴에 시퍼런 자국을 내었다 사람들은 아파했다 검게 된 피부를 보면서 상처와 분노로 울었고 색색의 절망들이 사람들의 내부로 들어가기 시작했다 그때부터 내 곁엔 아무도 없었다 다들 그렇게 각자의 내부로 돌아가고 나는 내 속의 잎들을 없애버리고 싶었다 너무 외로웠다 나는 너무 혼자였다… 내 안의 나무도 스스로 혼자였다 우리는 제각기 혼자였고 바깥의 세계로 함께 나오고 싶었지만 뿌리가 내부에 있는 나무는 나올 수가 없었다 잎들만 바깥으로 나오고 있었다 머리카락이 잎들의 뿌리가 되어 상처를 내기 위해 사람들을 검게 노려보고 있었다 사람들은 여전히 아름다웠다 머리카락이 사람들의 목을 조르기 시작했다. 외마디로 지르는 사람들의 비명을 즐기고 있는 머리카락의 색깔이 날카

로운 금속성인 것을 나는 보았다

사람들과 함께 있고 싶다 차를 마시고 노래를 부르고 바람 같은 이야기로 움직이고 싶다 그때마다 머리카락이 검은 잎의 색깔로 나와 사람들을 위태롭게 하리라 더는 참을 수 없어 늘 움직이고 있는 머리카락을 자르기로 하였다

2003. 10. 24

우울한 풍경

거리에선 그림자가 웃음을 뿌리고 있었다 제각각 혼자 걷는 사람들이 그림자같이 웃는 목요일 아침 젊은 노인들의 그림자가 재활용 쓰레기를 줍는다 쓰레기와 함께 움직이고 쓰레기와 함께 사랑을 하면서 내일을 기약하지는 않는다 나무들은 더 이상 뿌리가 필요 없었다

2004. 01. 08

조용한 마을

내 마음의 房에는
휘파람 하나 들어 있습니다

저녁에 가로등이 켜지면
어머니의 낡은 외투가
유년의 골목길을 걸어옵니다

길다란 골목길을 따라
욱이네 대문 앞에선
까만 털을 입고 있는 강아지 한 마리가
외롭고 가난한 동네를 지키고

순녀의 등 뒤로 달빛이 따라갑니다
어둑한 동네에 그림자가 넘어지면

어머니는 어린 나의 손등에
작은 휘파람 하나 올려놓고
부엌으로 들어갑니다

2003. 12. 17

가을의 노래

한 올의 휘파람 같은 바람이 가을을 흔들고 상처로 남아있던 무수한 날들의 모오든 잎들이 흔들린다 가지가 흔들린다 그때의 공중은 불안이 휘젓는 상처 아래로 조용한 미소를 지었는가 정지된 듯 움직이고 있는 뿌리의 유연함을 보라 지하의 깊은 의식을 지상으로 퍼 올리면서도 끝끝내 흔들리지 않는 저 고요한 움직임, 노래로 흐르는 휘파람을 보라 휘파람 같은 바람에 가을이 흔들리면서 이토록 부드러운 사랑을 본다 그대를 본다

2003. 11. 15

그 여린 휘파람 소리

청춘은 절벽 위에 서있는 한 움큼의 노래 같은 것,
공중으로 내던져지는 실체인 거지
바람만 거리에 쌓이는 거야

내부를 숨기기 위하여 상점들이 셔터를 내리고 필요한 아무것도 보이지 않았다 발자국도 나지 않는 콘크리트길을 가슴으로 꾹꾹 누르고 있던 그 여린 휘파람 소리 여기저기 나뒹구는 달빛 속으로 북쪽 외딴섬에서 살고 있다는 처녀들의 가을이 달려들었고 멀리 갈대밭에선 별들이 새벽을 견디고 있었다 기억한다 그 조용한 울음들이 꿈꾸던 겨울을

2003. 12. 11

안개

나는 무엇일까요 저물어 가는 꽃잎을 조용히 바라볼 때 어둠 속에선 보이지 않습니다 산마을 토담을 넘어 내부를 끄집어내는 늙은 농부의 아침 순순히 오물을 뒤집어쓴 뒷간의 냄새입니다 공중을 돌아 신방도 없는 내 몸은 이 땅 위에서 더워집니다 이 땅의 일로 아파하고 순결한 공기들이 더워지면 나는 서서히 흥분되고 江가로 흐르는 슬픔이 옷을 벗지요 고요히 대숲에 누워 부끄럼 없는 속살로 사랑을 하지요 그때 내 몸은 하얗게 타오르고 촉촉하게 지상을 바라봅니다 이제 나는 무엇일까요

2004. 03. 25

달

房안에서 달을 보다가 바람이 지나갑니다 안타까운 생각에 가만히 어머니를 들여다봅니다 어머니는 늘 달 속에서 움직이고 있습니다 어머니는 허옇게 헝클어진 머리카락으로 빨래를 하고 달빛을 어루만집니다 하얀 마르셀 비누를 헌 옷가지에 칠하고 어머니는 밤새 빨래를 하시지만 헌 옷가지에 묻어있는 누런 달빛을 지우지는 못합니다 달빛은 지워지지 않는다는 걸 어머니는 모르십니까

달빛이 세상을 만들어 어머니로 하여금 밤에도 움직이게 하고 조그만 나의 房에도 어머니의 흔적이 움직이곤 합니다 내 안에서 찬란했던 房, 먼지를 털고 빗자루로 쓸고 어머니는 어머니의 흔적을 청소하려 하십니다 어머니 어머니, 그러시지 마세요 그러시지 않아도 내 房에서 지우고 있는 어머니의 흔적은 달이 뜰 때마다 움직이고 또 움직입니다 달빛 속에 내려오는 어머니의 흔적이 아아, 내 房에도 달을 만들고 말았습니다

2002. 03. 21

박꽃이 걸어간다

더위가 걸어간다 늘어져 있는 의식을 이끌고
걸어간다 여기저기 달빛이 엎어져 있다
낮에는 보이지 않는 달빛을
일으켜 세우기에는 너무 이른 시간일까
때 이른 코스모스가 스스로 일어선다
등이 구부러진 길 위에 움푹 패인 함정들
전진도 후진도 하지 않고
팔월이 절벽처럼 서 있다
흔들리지 않는다 흔들리지 않는다
흔들리지 않는 더위가
북아프리카로 걸어간다
어둠이 오기 전에는
박꽃이 필 수 없는 것일까
열대의 歷史 속에서
살아 있을 수 없는 것일까
하얗게 피어 있는 의식의 북 아프리카
거대한 密林의 북 아프리카 박꽃이
毒이 오른 팔월을 밟고서
추욱추욱 파도처럼

걸어간다 달빛을 걸어간다

2002. 08. 08

*박꽃 : 원산지가 북아프리카이며 보통은 흰색의 박꽃인데 붉은색의 박꽃도 있다. 해가 진 후에 개화하여 아침에 시든다. 개화시기는 대개 7월~8월이다.

10월

사나이가 가늘게 걸어가고 있는데
휘파람이 강가에 서 있습니다

검은 자갈들은 아무런 미동도 없이
저녁 속에 누워 있습니다

이따금씩 달빛이 자갈들을 흔들곤 합니다

그때마다 휘파람이
검은 자갈들 위에서 움직이고

강물은
사나이의 가슴속으로 흐릅니다

그 뒤를 따라 얇은 고독이
사나이의 몸속으로 들어갑니다

바람이 가을을 불러오면

휘파람이 사나이를 몰고서
달빛 속으로 걸어갑니다

2002. 10. 09

2월

맨살의 유혹으로 힐끔거리는 바람이
투명하게 매달려 있는
겨울 거리를 피해 조용하게 들어앉은
달빛의 2월

2월은 바람 소리지 처녀가 살고 있는 하구의 북쪽에서 다가서는 슬픔의 조용한 겨울 소리지 위태로운 소리, 비대해진 슬픔이 송씨네 대숲으로 스며들어 흔드는 소리 흔들리는 소리 그리하여 그리하여 슬픔이 범하고 만 대숲의 순결을 아, 2월은 한 겹의 바람이 내리는 북쪽의 소리지 그러고 나서 2월은 바람 냄새인 게지 지하에서 흐르는 차가운 아침 속으로 여자의 머리칼 향이 거리를 돌아다니는 유유한 겨울 냄새인 게지 여자의 끝자락에 흐르는 향내인 게지 여자의 끝자락에 흐르는 향내인 게지 2월은 여자의 냄새인 것이지

처녀 같은 늪지가 흐르는 청둥오리 사이로 일어서면 枯死木에 걸려있던 바람이 2월을 걸어간다 수초가 걸어간다

2002. 02. 01

배롱나무

나체의 불덩이가 여자의 몸속으로 들어간다
안개는 불안의 식물
시선을 놓지 않고 영혼의 꼬리를 쫓아간다
달빛들은 부지런히 자살을 시도하고
고양이는 울음을 절벽 아래로 떨어드리고 있다
미동도 하지 않는 안개가
여자의 몸속으로 들어간다
달빛은 꿈을 꾸지 않는 저녁을 차압하고
안간힘으로 버티고 있는 얼굴들을
쉬지도 않고 지켜보고 있는가
기다림은 벽을 부수고 노동인 것을
부서지는 꿈인 것을
자고 일어나면 생기는 이 무력한 空中의 세계
오래된 얼굴은 영혼의 식민지일까
독립은 오지 않는다 독립은
오지 않는다 움직이지 않는 역사의 얼굴이여
팔월이며 펄럭이는 붉은 깃발들이
植民의 이 지상을 흔들 때마다
안개는 무덤을 덮칠 준비를 하고 있다
수피 속으로 스며들고 있다

2002. 08. 15

낮달

비어있는 대나무를 보면서 몸으로 휘감아오는 바람이 그대를 훔치면 나는 그저 비어있는 대나무인 것을, 땅에서나 단단한 껍데기였던 것을, 나체로 앉아 언제이고 기다리고 있는 저 낮달을 보라 우리는 눈물로 서 있어라 오랜 그대를 기다리며 江가에 서 있어라 안으로 흐르는 낮달이 단단한 껍데기를 허물어 맨몸으로 흐르는 그날에 비로소 만나는 그대, 그때에 우리는 무덤이 되어도 좋아라 껍데기가 녹는 詩가 되어도 좋아라 만나서 상처로 덧나는 찬란한 初夜 낮부터 아침까지 늘 있는 그대가 이토록 오랫동안 서 있었던 것을 나는 이제야 본다 눈물로 본다

2002. 04. 23

어떤 밤

사내를 안을 수 없어 뭍에서는 살 수 없어 흐르는 인어의 슬픔이 고아들의 언어를 풀어놓고 바다에서 뭍에서 유영하는 안개 같은 상처가 그렇게 부러웠던 청춘이 다 지나고서야 뚜벅뚜벅 사내는 걸어오는가 굴절의 모습이 선명해지는 밤이 오고 있는가 분해할 수 없는 슬픔 때문에 흐르는 원시를 안고서 기어이 밤은 오고야 마는가 밤이 오기 전에 알 수 없는 것은 자궁조차 보이지 않는 인어와 사내의 기막힌 불륜이었어 옷고름을 풀면 안 돼 몸을 허락해선 안 되는 거였어, 몸속으로 들어온 언어를 안개 같이 안개 같이 풀어놓아선 안 되는 거였어 인어에게서 헤어날 수 없는 사내의 거대한 슬픔을 풀어놓아선 안 되는 거였어

2002. 01. 23

2002, 사는 法

중심기압 940hPa 최대풍속 44m/s, 5호 태풍 라마순은 파헤친다 찔러 본다 目標 새 천년, 速度가 부숴지는 초개비행으로 안개부대를 투입한다 무차별로 쓰러진다 나무마저 무너진다 이제 사방은 적이다 아군이다 적이다 아군이다…, 모르겠다 마을을 안개부대가 장악하고 어떻게와 어디로 가야 할 길을 모르는 찰나의 시대에 서면

선명하게 보이는 것은 적이 될 가능성이 높다
되도록 움직이지 말고
달빛은 보이지 않는 것이 좋다

색깔은 위험하고도 외로운 것이지, 저 위험한 무채색의 빗물들을 조심해야 해 적도 아군도 없이 무차별로 갈겨대는 첫사랑의 투명한 색채 안개가 마을을 덮치면 달빛은 선명해진다

2002. 07. 08

눈 오는 날엔

시를 쓰는 것보다 한 줄의 편지를 보낼 줄 알았으면 좋았다 눈물 없는 울음이 어릴 적 동네를 지키고 있던 달빛 한 줄이라도 건져낼 수 있을까 한 올의 얇은 울음으로 거리에 눈 내린다 손톱 밑 독하게 박혀있는 때 가루 사이에서 얇은 정서로 시를 쓰는 것보다 녹으면 물 되는 눈 맞으며 거리를 걸으면 좋았다 휘파람처럼 흐르면 좋았다 가슴마다 돌덩이를 끌어안고 가볍게 뛰어가는 저녁들 사이로 예수도 없는 크리스마스가 왔다 나는 시를 쓰는 것보다 선물 하나 사는 것이 좋을 뻔하였다

2005. 12. 20

제2부

나는 봄을 기다린다

동굴

나는 어둠입니다
포장을 하자면
나는 보이지 않는 그늘입니다
내 안으로 자꾸만 자꾸만
들어가고 싶어지는 그늘입니다
내 안으로 들어가 보면
아주 조용하게
또는 아주 차분하게
몇 개보다 더 많은
그늘을 만나게 됩니다
나의 그늘은
눈물이 되기도 하고
참회가 되기도 하고
아내가 되기도 합니다
또
아버지가 되기도 하고
노동자가 되기도 하고
1억 3천짜리 아파트가 되기도 합니다
그러다가 그대가 그리워지면

하늘에서 살고 있는 하나님도 아니고
땅속을 헤집고 다니는 두더지도 아니고
공중에서 놀고 있는 나비도 아닌
거리를 걸어 다니는 기억으로
또 사랑을 하는
그대가 되기도 합니다

그렇게 나는 그늘입니다

2020. 02. 20

나는 봄을 기다린다

두렵고 조용하게

걸려있는 낮달의 우울한 기억으로 걸어보아라 바늘귀 같은 바람이 낡은 화단 옆으로 언뜻언뜻 지나가고 아침 햇살보다 오래된 피부가 현관문을 들어서면 어린 나의 신부여 내 얼굴을 보지 말어라 만지작거리던 슬픔으로 노래를 부르지 말어라 아픔이 그리운 밤에 나의 마른 거울 속으로 찾아온 얇은 달빛을, 두렵고 조용한 기쁨으로, 작은 여분의 깊이로 아프지 않게 안아주어라 봄비처럼 나지막하게 걸어올 내 어린 신부여 얼마 남지 않은 저녁 식탁에 홀로 앉아 하우스에서 자란 노란 향기의 봄나물과 옛 애인들의 낡은 접시 위에서 나는 잠시 울고 싶어라 그늘이 그늘을 사랑해야 할 때 저녁노래처럼 그렇게 울고 싶어라

2019. 11. 30

친구에게 부르는 가벼운 노래

늙은 이파리들이 폐지위에서 보이지 않는 저녁 헛된 꿈들이 나약해진 슬픔을 만지작거리고 친구여 고대부터 그래 왔듯이 겨울바람은 오늘도 그늘진 곳에 더 오래 머물고 있다네 初夜에 함께 심었던 어린 나뭇가지엔 포슬하게 자란 휘파람들이 까만 화폭 속으로 뛰어들고 누워있는 달빛이 작은 노래를 부르며 나는 서 있다네 동네에는 저마다 내리는 달빛이 있듯이 어떤 그늘이 숨겨져 있는지 어떤 노래들을 부르고 있는지 다만 휘파람 하나 꺼내어 이 길가에서 서성거리고 있는 그림자들이 아쉬워 달빛 사이로 희미한 별을 바라본다네 더 이상 천사들이 내려오지 않는 지상에서 나의 노래가 끝날 때 문득 겨울이 오겠지만 강물이 바다와 몸을 섞기 전에 하구에 쌓여있는 상처들이 새벽안개를 뱉어냈고 희미한 기억들로 바라본 풍경의 언저리에 모두 아파했던 갈대밭 어리석었던 첫사랑을 참회하여 본다네 그때에는 서투른 눈물과 안타까운 분노들이 동네를 지키고 있던 감나무 가지 끝에서 까치밥과 함께 끝끝내 포슬한 눈은 찬바람과 함께 내리지 않았지 까치는 무엇이 두려워서 지상으로 내려오지 않는 것일까 친구여, 사랑이여, 삶이여 늦게 찾아온 저녁 나는 그대의 이름을 불러본다네 노래를 불러본다네 겨울바람보다 더디게 겨울바람보다 조용하게

2018. 12. 06

담배 피우는 남자

풍경이 흐르는 장미 공원에서 양복 입은 몇몇의 사내가 하얀 연기를 날리고 있다 장미공원에 가족들과 함께 햇볕이 든다 한 사내가 담배꽁초를 장미에게로 날린다 저 사내는 분명 어느 아버지의 자식 놈이거나 어느 아들의 아비가 분명하다

이젠

그 누구도 전화를 걸거나 또는 전화벨이 울리지 않는 공중전화 부스 옆으로 몇 방울의 비가 지나간다 흐리다 비가 오려나 더는 오지 않으려나 조금 더 걸어 가보자 작고 쓸쓸한 바람이 조금 더 진하게 걸어간다 앗 모퉁이에 푸른 봉투가 배부른 임산부처럼 서 있다 면도를 하지 않은 모양이다 저 사내 푸른 쓰레기봉투 같다 푸른 연기를 날린다 연기가 날아간 공중에서 첫사랑의 기억이 지상을 내려다보고 있는데 저 사내는 왜 종량제 쓰레기봉투 옆에서 담배를 피우고 있는 것일까 왜 하늘을 쳐다보는 것일까 하늘로 날아가는 그리움의 잔재를 바라보는 것일까 이제 거리에는 쓰레기통 하나 없는데 담배꽁초는 어디에 버려야 하나 푸른 쓰레기봉투 옆으로 빈 캔을 던져놓고 가는 손. 피아노를 칠 것 같은 손이다 코를 막고 눈살을 찌푸리며 담배 피우는 남자를 힐끔 쳐다보는 사람들 아, 저 사람 담배 피우는 남자를 배려하지 않는 그놈들이

다 배려하지 않는 세상이다 언제이고 당당한 담배 피우지 않는 사람들이, 언제이고 배려하지 않는 당당한 사람들이, 배려는 모르고 건강만 챙기는 금연정책 아래서 또는 한적한 쓰레기봉투 옆에서

담배 피우는 남자 하나 서 있다

2019. 05. 16

단풍

이젠 커피를 마셔도 복통을 함께 타서 마셔야 한다 주름진 나이가 내 몸 이곳저곳을 돌아다니며 작은 통증을 묻어놓고 기억 속에도 들어가 조그마한 이물질을 넣곤 한다 한랭한 가을 아래서 청춘에 가려져 있던 슬픔들이 아늑하게 말라가고 있다 분해된 청춘들이 어디로 가고 있는지 어떻게 오고 있는지 나무는 서 있다 겨울의 그림자를 손에 들고 바라보는 풍경 삶은 시리게 아름다워서 떨어지는 한 걸음 한 걸음마다 색색으로 춤을 춘다 바람도 그렇게 춤을 추는 오늘

2018. 11. 27

초록은 초록밖에 모른다

선우야 너는 나의 초록이다

초록인 너를 보며 나는 초록이 더욱 보고 싶어 유월의 거리를 바라본다 거리에는 오직 나만의 초록을 기다리며 깜빡깜빡 비상등을 켜고 바들바들 독기를 내뿜는 터널 같은 마후라들이 학교 담장을 지키고 있다 벌써부터 숨 막히는 유월 나무들도 독기를 먹고 자라고 있다 초록들도 독기를 먹고 자란다 아 어찌할꼬 이 여린 초록들을, 그리하여 그리하여 초록이 초록밖에 모르게 될 때 더 이상 뿌리는 없는 것을 그런 초록을 보면서 나는 학교 담장에 달빛을 널어놓고 마른 눈물을 꺼내본다 초록아

나는 너의 아빠다

초록을 위하여 나는 유월의 겨울 앞에 서 있다 이 단단한 한기 속에서 오늘도 내일도 자라야 할 초록들을 위하여 나는 너를 바라본다 눈물로 너를 본다 초록이 초록들과 함께 흔들릴 때 바알갛게 싱싱한 수박이 간식으로 나오는 여름 옹기종기 비로소 그늘이 된다 지금은 유월 초록이 초록밖에 모를 때 나는 나는 눈물이 난다

2018. 06. 07

새벽에 기억을 버리면 벌금을 물지 않아도 된다

새벽에 기억을 버리다가
(쓰레기는 쓰레기봉투를 담아서
버려야 한다 노란 또는 푸른 쓰레기봉투)
기억 속에 나도 담고
노래도 담고
그러고 나서도 어두운 이 시간을
옛 애인들을 다 보낸 이 시간을
담벼락 아래 구석진
내 삶이 바람을 누이고 있다
나에게 아직 들키지 않은 비상금과
(노란 또는 푸른)
쓰레기봉투에 담을 몇몇의 비밀들은 남아있어
새벽까지 방송하는 지루한 영상들을 시청한다
드라마든 영화든
通俗의 삶이든 긴장감은 중요하다
(중요한 것들은 검정 봉지에 담아, 들키지 않고 버려야 한다)
그림자같이 얇은 새벽시간마다
내 삶의 긴장감들은 어떻게 버려졌을까

2011. 09. 14

나는 너무 빨리 살아왔다

나는 너무 빨리 살아왔다 어둠은 구석구석 너무 빠르게 스며들었고 늘 아침보다 먼저 와 있는 저녁을 보며 사람들을 만나곤 했다 사람들이 아파서 약국들은 늦게까지 거리를 지켰고 나의 저녁은 사람들이 너무 빨리 풍성해져 버렸다 첫사랑의 고백보다 더 빠르게 자라버린 휘파람을 불며 가지 끝에 매달려있는 몇몇 이파리들을 바라본다 초록보다 먼저 와 있는 이파리 위에 나의 저녁이 거울 속에 숨어있는 그늘처럼 앉아 있다

2011. 06. 11

그리운 그대

청춘은 갔다
단단해진 휘파람이 나의 이름을 부른다
허공에 기대어 간절하게 부른다
허공을 던지는 그대
슬픔을 타고 누워
나의 꿈을 꾸고 있는가
두렵고 즐거운 나의 시간
옛 애인처럼 그리운 그대
걸어온 그 길을 따라 눈물을 안고 있는가
童話처럼 그대를 밝히고 있는가
남아있는 날들이 그리 무겁지 않은 것을
그림자 속에 누워있는
오늘이 가기 전에
노래를 부르고 (애인들의 속살을 만지고) 침묵하지 말라

2011. 01. 20

첫사랑

당신이 나로 하여금 장미를 심고 돌 위에 또 돌을 쌓아
돌아갈 수 없는
그리운 나라를 만들어 나의 가슴속에 파묻어 버렸습니다
그 나라에서 오랫동안 시달려

정말이지 어렵게 독립운동도 하여 보았지만
헤어날 수 없는 당신의 얼굴이
記憶에 있지 않아
지난 몇 날엔 꿈을 꾸었습니다 너무 보고 싶어
꿈을 꾸었습니다
나직이 이름을 불러보고 너무 보고 싶어
가슴에 돌을 얹어 파도를 안아봅니다
다른 아름다운 사람들은 어떻게 이 나라를 지나갔는지 알 수 없습니다
너무 보고 싶어서 어떻게 지나갔는지 알 수가 없습니다

1997. 08. 25

나는 천사와 잤다

그 부드럽고 슬펐던 밤, 나는 옷을 벗고
천사는 날개를 벗어
이 땅의 슬픔에 천상을 내어 주던 귓속말
그대의 슬픔이어라
나는
그대의 슬픔이어요
그대는 슬픔이어요

슬픔이 없는 천상이 슬픔이지요
그대가 없는 천상이 슬픔이지요

천사의 젖가슴
나의 슬픔
가슴을 내어주어
더욱 외로운

슬픔이 슬픔을 만나 슬픔을 벗고
슬픔을 만나는 그 어둡고 찬란했던 밤
詩가 슬픔을 두고 떠날 수는 없는 것이지

자유는 없는 것이야
詩는 슬픔을 사랑하는 것이지
천사와 자는 것이지
詩는 지상에서 천사와 자는 슬픔인 것이지

2001. 04. 30

나의 나라

나의 나라는 부정한 어머니의 자궁 속에 있습니다
어머니가 나의 나라에서
여전히 부정한 女人 임에도
언제나 보고 싶어 하게만 되는 것은
그대로 하여 살아남은 상처가
나의 나라를 세우고
영혼처럼 오랫동안 지켜 왔었기 때문입니다

눈이 맞은 연앨 하다
다른 그 어떤 어여쁜 처녀도
더 좋을 수는 없어서
그리움에
절망에
나의 나라에 더 절실해지는 것은
볼 수 없는 그대가
나의 나라에 꼭 있기 때문입니다

1997. 03. 12

그 사람 女子였던가

구십사 년 시월인가 십일월이었던가 교통사고로 사람이 죽어나고
부끄럼으로 마산 구치소 미결 방에 들어 있을 때
눈물에 눈물이었다고 훗날 동료가 告해주었던
그 사람 여자였던가
먼지에도 하얀 모습에
향기 상큼한 아카시아 나무를 좋아하는 그 사람
그 男子가 가슴속으로 들어오고
질투 때문인지 알 수 없는 힘겨운 사랑을 시작하고
울음도 떳떳이 터뜨릴 수 없이
이제는 돌아서서 사랑을 하고 있는 그 사람
지난 사월 임금 투쟁 때 부딪혔던 머리의 상처에
記憶도 잘 못 굴리는 그 사람
움츠린 작업복
노동자들 겨울 나는 이야기할 때마다
개새끼들, 시발놈들
쌍소리 안주로 무학소주 들이키던 그 사람
여자이었던가

1996. 11. 21

해초가 되고 싶을 때

겨울이 되기 전에 서울로 간 친구에게서 가끔씩 삐삐 오지
그 사람 노동조합 사무국장 임금 속에 살짝 떠밀린
가벼운 폭행이라지 두 달간 병원생활에 서 너 달 구토에 시달렸었지
선진노동법이라는데 민주노총 파업 소식에 그 사람
피만 한 뇌세포 일어서고
땅 속 깊은 곳으로부터
구백억 자본금에 5조 원 부채라 한보사태 울려 퍼지고
그래도 국가 경쟁력 이야기하고 싶지
IH-500P라고 원미경 아줌마가 선전하는 LG압력밥솥
제품이 없어 제주도에서도 물건 보내달라 아우성 하는 그 밥솥
일본에서 수입하던 OVEN 국내에서 개발했으니 국가 경쟁력 아니겠어
팔용동 27번지 그 OVEN 납품하는 도장업체 생산라인
새벽 한 시에도 지친 노동과 함께 계속 돌아가셔야만 돼
철야도 한두 번이어야지 생산도 지치고 납품도 새벽에
해도 해도 너무 한다며 휴일 없는 영업팀 우리 부장님
김 주임, 소주 한잔 하까.

그 소리 듣기 좋게 생산 속에 파묻힌 지친 노동
언제까지 그것만으로 국가 경쟁력 키울 수는 없는 것 아니겠어
그중에 밥솥 라인 지친 노동에 서른 살 된 김갑련 처녀
피로에 거친 새벽에 빠져
백열등에 부스러진 장미 속으로
화가 폴 클레의 스러진 꿈을 꾼다

햇살이 필요 없는 해초가 되고 싶을 때 우리는 말이 통하지 않는 그리움이 될 것이다 그리하여 남아있는 그리움마저 위태로울 때에는 이 땅에 암흑이 들고 너는 단 몇 시간, 십분 정도밖에 시간이 남아 있지 않다는 것을 알아야만 할 것이다 습기진 아침마저 부숴 버리지 말라

1997. 02. 04

96 진달래

바람만 따뜻한 주남저수지 시베리아 겨울이 무서워
벌써부터 양진새 도망쳐 왔나 보다
소비에트 연방이 무너지고 고르바쵸프 재단도 있는데
보리스 옐친 러시아 마피아 소문까지
너는 날아서 도망쳐 왔나 보다
너 날아서 도망치는 중에도
멀리 있는 봄을 세차게 그리워하면서
진달래는 꽃잎을 빼앗겼다
꽃잎을 빼앗기고 아픈 것은
꿰맬 수 없는 상처보다
자꾸만 자꾸만 자동차가 많아지면
지구 온난화 현상 때문에라도
이 땅, 봄이 없는 산하가 될 수 있기 때문이다
그래서 소리가 없어지면
진달래는 비닐하우스에서나 자라는 식물이 될 것이다
기다릴 수조차 없는 그리움은
비닐하우스 안으로 가두어 질식시켜 버릴 것이다

진달래가 꽃잎을 빼앗기고

바람만 따뜻한 주남저수지
언제부터 양진새 쫓기어 왔나 보다

1996. 11. 18

제3부

새벽 세시에 대하여

아침

人魚의 전설에 앉아

녹슨 왕관을 쓰고서
버텨온 백성 없는 왕국에
달려드는 햇살은 꽃을 낳고 이슬을 떨군다

보고 싶은 얼굴만 볼 수 있었던 어두운 왕국에서
땅인지 하늘인지
구분되지 않고 살아온 色調를
이제는 떠나야만 할 때
신부를 맞기 위해
암흑의 녹슨 왕관을 벗어야 할 때,

어둠 저편에서 어여쁜 신부가
꽃을 낳고 햇살을 몰고 온다

1994

홍옥

미끈한 홍옥 속에는 벌레가 살고 있다
벌레가 사과보다 더 거대 질 수는 없겠지만
사과 속에서 조금씩
거대해져 간다

어디서나 거대해져 가는 벌레를 보면서
다시 장미를 심기에는
하늘만 쳐다보는 그리움의 動土

아, 장미를 안기에
늙은 정원에서
이 계절 놀다 가면
하늘을 돌다온
바람에 일어선다

1993

여인상 1

나는 어린아이 같은 여인이 좋다 투명한 눈동자로
원하는 그 어떤 것이라도 원하는듯한 투정의 몸짓을 가진 여인이 좋다
온갖 日程들이 바람에 일어서고 베란다 위로 햇살이 내리면
부시한 얼굴로 잠에 깨어난 부드러운 몸에 살갗이 닿아
밤의 생각이 간절히 피어도 될 그 어떤 아침에 서서
내 많은 일상을 독점하고 싶어 하는 그 모습이면 더욱 좋다
그중에서
또 가을은 오고

그리움을 지키는 허수아비 하나가
무수히 다가올 연애의 참새와

커피를 마시려 순백의 프리마를 타다가
부드러운 기억에 앉지도 못한 채 울어버렸다
그래도 눈물은 인정하지 않은 절망의 기다림으로 남아
끝끝내는 커피를 마시는 사막이 되어버리고
그러한

습성으로 하여 천사는 천사로만 남게 된다
천사로 남은 천사를 지키는 나는

참새를 기다리는 허수아비이고 보면 어린아이 같은 여인이면 좋겠다
내가 그 어떤 아름다운 여인에게 조금이라도 눈길을 줄세라
조그만 손톱에 온 신경을 넣어둔 토끼 같은 질투가 몸에 베인
그런 여인이면 좋겠다 피로가 녹고 있는 새벽 세시쯤이라도
현관 밖에 있는 화장실의 볼일이 일어나는 남의 방 사는 날에도
일말의 허튼 염려도 없이 곤한 나를 깨워
화장실 앞에 세워놓고 찬 새벽 공기 흐뭇해하여도
볼일 보고선 배시시한 웃음으로 옆은 내 어깨에 얼굴을 기대는
그런 부실한 여인이면 좋겠다
그러한 기억에 어린아이 같은 여인이면 좋겠다

여인상 2

시월십이일쯤이면 좋겠다 꼭 그날이 아니라도 하늘이 연하고
코스모스가 흔들리는 시월 중순이면 된다
그날의 오전 열 시 낯익은 거리에서 약속을 정하고
온갖 염려가 지나간 오전 열두 시 십 분에서야 자판기 커피를 들고
-그대는 내게 Skin Character를 주는군요
꽃을 파는 할머니 앞에 안개꽃이 장미를 숨겨 더욱 선명하게
Skin Character에서 알콜 냄새를 추출한 후의 바다처럼
-손톱을 이쁘게 하는 데는 시간이 많이 걸렸어요 아홉 시 사십 분쯤에 문밖까지 나왔었는데…, 당신에게 이쁘게 보이고 싶었어요

딱정벌레가 가을 햇살에 갇히어
눈부신 난초의 거리와
장미의 순백이
밤의 생각 간절하게 샤워를 하고

비누거품 이는 유방 위로
달빛
입술에 닿아 온밤
미등이 켜져 좋은
Skin Character의 푸른 호흡

그중에서 간절한 것은
이쁘게 보이고 싶었어요,

그리운 이름으로
코스모스가 흔들리는 시월 중순이며 되겠다

여인상에 관한 프롤로그

— 조국

그가 살고 있는 방에는 햇살이 있습니다
그의 방에 가자면
나의 이 몰골이 훤히 보일 것 같아
그는 그리움의 절망입니다

저녁이 되어 어둠 속에서
불 환하게 켜져 있는
그의 방을 봅니다
그의 얼굴은 밤에도 햇살 같습니다
내 등 뒤엔 한 어둠이 있어
또 그는 그리움의 절망입니다

용기를 내어 그의 방 창문 앞에 다가섭니다
그는 보이지 않습니다
무슨 이유가 있어
외출하였는가 봅니다
힘든 이 자리에서도
그를 만나지 못하게 됩니다
그래서 그는 그리움의 절망입니다

1993

詩를 쓴다는 것은

詩를 쓴다는 것은 슬픈 일이다

온종일 하늘만 바라보다가
스모그 속에서 헐떡이는 별을 그린다는 것은
슬픈 일이다

슬픔을 포장하기 위하여 별은 하늘 속 동화일 뿐이라고 한 번 돌아서 보기도 하지만

잔업에 특근에 잠이 모자라
잠깐 손가락에 핏방울 고일 때마다
씨 팔 년 밤에 잠 안 자고 뭐했어,
동갑내기 반장의 목소리에 익숙한
봉제공장 순이의 이야기를 옮긴다는 것은
참 슬픈 일이다

희멀건 대낮인데도
술에 취해 있는 사람이 많은 애달픈 이 세상에서
멀겋게 앉아 詩를 쓴다는 것은
참 슬픈 일이다

1994

우리 아버지

아버지는 내게 노여운 말 한마디 하였습니다
어디 女子가 오래비에게 말대꾸야 말대꾸가,

밤공기 맑고 오리온자리 선명합니다
오목조목 대청마루 위에서
나는 아버지가 먼저 수저를 들기를 기다리고 있습니다
조금 후에 아버지가 수저를 놓으면
나는 잽싸게 숭늉을 갖다 드릴 테여요, 쉽게 말해
나는 일종의 女子라는 거여요

그날도 내가 女子 라는 것을 잊었던 것은 아니지만
오빠와 말다툼을 하게 되었습니다
그렇게 살아왔던 아버지는 엄한 표정으로 큰소리를 내고
어머니는 안쓰러운 얼굴로
고개 떨구고 있는 나를 지켜보고 계셨어요

새벽하늘 맑고 나는 가만히 생각하여 봅니다
내가 女子인 것은 나의 잘못이 아니지요
내 잘못도 아닌데 달빛은 설움이 가득합니다

나는 또 생각하여 봅니다
생각 끝에 나는 관습의 피해자인 것을 알게 되었습니다
어머니도 피해자인 것만 같습니다
영문도 모르고 관습에 젖은 아버지도
어쩌면 일종의 피해자가 아닌가 생각이 들어요

하늘에도 바람은 있어요
얼른 아침이 오기 전에
오빠가 습관인 듯 아버지가 되기 전에
녹두 꽃잎보다 먼저 진달래 품어요

1993

늑골

밤마다 가까스로 버텨왔던 늑골
하나를 끄집어내어
결핵의 기침이 일 때마다
흔들렸던 상처를 본다

부서질 듯 금이 간 늑골 속에
장미의 이슬을 숨겨 넣고
휘어진 모습 그대로

안개 짙은 아침거리
지팡이로 되어지면

인사를 할 때마다 떨어지는
나라 잃은 왕족의 늙은 비애

어머니 생각

구십오 년 일월 시린 하늘아래
희성동 웅크린 동리에
몇 그루인지 나무들
햇볕이 들지 않아
담벼락 우로 도망간 커피
향기에 시달리며 꿈을 꾼다
냉방 잘 된 방에서 겨울을 나고
언제이고 지친 꿈을 안고

쵸이스보다 가벼운 아침에
구십오 년 시린 하늘에도
江물 같은 꿈을 꾼다

1995. 1

장마

장마가 오면 해마다
천사에 대한 기억들이 남아있는
연산3동 애수의 동리

순한 담배 88디럭스 마일드
나는 말하는 냄새를 잃어버렸다
장미 냄새 진한 팔월
그리움은 끼니를 때우지 못한 채로 죽어가고
기다림은
연산3동 애수의 동리를 적신다

아, 내일 또다시 신문이 오면
천사에 대한 그 어떤 기사 한 줄,

그리움을

기다림은

천사에 대한 남아 있는 기억들로 하여
연산3동 애수의 동리에
장마가 온다

1993

추석을 앞두면서

아부지의 아부지
묏자리도 모르는 아들의 아들들이
땅 속으로 사무치는
근본 모르는 그리움을 안고
김포공항
또는 여객선 터미널 허연 형광등 밑에서 서성거리고
할배의 땅이 보고도 싶어
금수강산은
대한민국에 다섯 도로 내려앉고
남아있는 백발의 모습으로 그림자 희미하게 남아있는
서울 이북의 선명한 산천

한 삼 년 아부지가 묻혀있는 김천
답십리 산모퉁이는
살기가 바빠서 글썽이는 눈물이 된다

일본에서
대한민국에서
사는 생활에서
추석은 선명한 그리움을 낳는다

1993

새벽 세시에 대하여

정신과 의사 자격증을 가진 환자의 방에서 가장 가치 있는 것을 원할 때
천사를 그리워하는 방법 중에서
오랜 기다림 속에서 만난 천사를 닮은 장미
정원에서
돌아 설 수 있는 시간, 다시 말해서 환자의 정서

장미를 외면하고
천사를 그리워하는 것에 대한 기다림의 시작과
더 닮았는지
또는 아닌지를 정할 수 없는
코스모스 혹은 플라타너스의 밤

신혼의 침실을 꾸미기까지의 연한 햇살과
하얀 와이셔츠를 입은 서정의 호흡들을 안고
송도 연인들의 해변에서 동전 두 개를 원하는 커피를 마신다

그리움은 광복동 거리에도 있고 광안리, 연산3동에도 있

다

커피숍 커피가 있는 풍경에서도
로즈타운에서도
커피를 마시고 기다림을 살 수 있다
혹은 문우당 서점, 신세계 백화점
코스모스와 장미
정원에서 천사에 대한 그리움으로 돌아설 수 있는 시간

날이 선 예수와 덤으로 가질 수 있는 기다림이 있다

1993

제12호 태풍 글래디스

8월 24일 자 석간신문으로 하여 구십사 명의 얼굴들이
사망, 실종이란 활자로 정해지고
그중에서
부산 전포동 화신주택, 죽어있는
아내와 딸의 사무친 그리움을 안고
실신할 수밖에 없었던 어느 남편의 절망이
활자로 찍혀 나왔다. 그 남자로 하여서
수천수만의 그리움을,
사무치는 몸살들을,
지나가는 절망으로 하여 안을 것인가

허리까지 흐르는 수로 위 운행할 수 없는 시내버스
사납금도 맞추지 못하고 각자의 방으로 돌아가는
택시들
몇 시간을 돌아서 적셔야 했던 피로에 지친
다리들
열매를 맺기도 전에 퍼렇게 누워있는
논들
그리고 어머니들의 실낱같은 기다림들로

거절할 수 없었던 제12호 태풍 글래디스

자연이 주고 간 절망과 사람이 주는
아픔으로
사무치는 그리움을 안고
피해 갈 수 없었던 절망을 안고
슬픈 얼굴들의 또 새벽은 오고
한번 몸살을 할 수 있는 눈부신 호흡들이 있겠지

1993

게보린

치료하다가 그만둔 아랫니가 썩어가고 있는 것을 느꼈다

참기가 어려웠던 것은
썩어가고 있는 이와 성한 윗니로 장미를 씹었을 때였다
그럴듯한 이유가 있어 장미를 씹은 것은 아니었는데
썩은 이에서 흐르는 그리움,

나는 급하게 게보린 한 알을 삼켰다
십 분 정도의 시간이 지나고 없어진 고통의 느낌

또 참기가 어려웠던 것은
썩어가고 있는 이와 성한 이로 코스모스를 씹었을 때였다
그럴듯한 이유는 아니고 장미에 대한 그리움 때문이었는데
썩은 이에서 뿜어 나오는 애수,

나는 급하게 게보린 한 알을 삼켰다
십분 정도의 시간이 지나고 없어진 고통의 느낌

도저히 참기가 어려웠던 것은
썩어가고 있는 이와 성한 이로 바닷속 진주를 씹었을 때였다
코스모스와 장미에 대한 연한 갈증 때문이었는데
썩은 이에서 튀어나오는 칼날 같은 절망

상습적인 복용 때문에 한두 알로 되지 않을 것 같아 급하게 거리로 나갔으나
약사법 둘러싸고 약국 당분간 휴업
치료하다가 그만둔 아랫니가 썩어가고 있는 것을 알았다

1993

백성들의 무주 구천동

무주 구천동 덕유산 국립공원 입구 잡화점에서 일회용 칫솔 하나 천 원이고
주차장 관리하는 남자가 삼천 원 달라한다
두어 발자국 떨어진 매표소에서 대인 입장료 천이백 원
또 지정 야영장 외에서는 야영 일절 안 되고 한 사람마다에 대하여
일박이일에 천오백 원 적힌 인쇄지 위에 이천이백 원 스탬프로 찍어낸다
대한민국 제2의 도시 부산에서 여인숙은 두 명 자는데 칠천 원 달라했다
수건, 칫솔, 비누…, 포함한 숙박요금인데
여긴 나라님이 지정한 공원인데
지친 백성들로 하여 쉬어가라 한 곳인데
공기 맑고 물 좋아서 불도저 한 대 한나절 땀 흘려 허전한 터
몇 곳 정해놓고
백성의 텐트
백성들이 설치하고
구경하는 관리인 하나 없어서

그냥 맨땅이라서
하늘 보여서
물 흘러서
육백 원이나 싼 것인가,
그래도 선하디 선한 백성들은 말없이 돌아간다
그래도 무식한 농군의 자손들이라서
공기 맑다고
물 좋다고
짜증 섞인 선택으로 하루 묵고 간다
그래도 조국은 참 얼마나 세심한 어머니인가?
한꺼번에 육천 사백 원 다 달라않고 조목조목
납득할 수 있는 이유를 만들어서
숨 쉬는데 얼마 물 사용하는데 얼마 똥 누는데 얼마라 한다
그런데도 맨땅으로 육백 원 싼 것인가
그 세심함으로 백성들은 담배 한 갑 빽빽 사 피운다

1993

▣ 그늘의 집에 대한 단상

나는 그늘을 좋아한다

모든 존재는 목표점, 나아가서는 지향점이 있다는 생각이다. 생명을 가진 존재는 말할 것도 없겠거니와 그렇지 못한 존재들(돌, 책상, 그릇, 빵 등)마저 목표점이 있을 수 있다는 생각이다. (지향점을 인식하거나 또는 인식하지 못하고는 별개의 지점이다) 지향점이 있다는 것은 인식과 의지가 있다는 것이다. 인간에게 있어 그 지향점은 명확하게 정해져 있다. 행복이 그 지향점이 될 것이다. 그 방법에 있어서는 개인의 선택이 있겠지만 슬픔일 수도 있고 고행일 수도 있고 명예일 수도 물질일 수도 있다. 선진들 중에 목숨을 담보로 자기 가치(애국, 사회운동 등)를 실천하는 분들을 만나게 된다. 그 또한 지향점은 자기 가치 실현을 통한 행복이었을 것이다. 편안함(정신적 또는 육체적)이 행복이라는 사람도 있고 결코 편안하지 않은 열정(치열함)이 행복이라는 사람도 있다. 어느 것이 맞느냐의 논쟁은 덧없다. 그것은 오롯이 선택의 지점이기 때문이다. 내가 시를 쓰는 이유는 당연히 시 쓰는 작업이 행복이 되기 때문이다. 과거에도 그래 왔고 앞으로도 그럴 것이라 찰떡같이 믿고 있다.

내 詩의 지향점은 존재들의 그늘이다. 특히 사람의 그늘이다. 나는 그늘이 존재를 이상향에 이르게 하고 그늘 자체가 이상점이라는 개인적 취향을 가지고 있다. 여기서 그늘이란 관념적인 것들에 좀 더 가깝다. 아픔, 슬픔, 외로움, 분노, 연민 등이 그늘의 몇몇 가지가 되겠다. 그늘이란 사물의 에너지(빛)와 사물의 관계에서 생성되는 사물의 또 다른 공간이라고 생각한다. (여기서 또 다른 이라는 표현은 독립적이란 의미가 포함되어 있다) 이를 사람으로 대비해 보면 영혼의 에너지(빛)와 육체(사물)의 관계에서 생성된 독립적인 공간이라고 믿고 있다. 그 독립적인 공간을 나는 정신이라고 구분한다. 정신세계는 육체(물질)세계와 구분되어지며 분명히 영혼의 세계와도 구분되어진다는 생각이다. 성경에서 신은 영이라고 말한다. 성경에서 말하는 영을 나는 영혼이라고 해석하고 있다. 하여서 인간의 영혼을 인간의 본질 중에서 신에 가까운 존재라고 믿고 있다. 거기에는 무한에 가까운 에너지가 있을 것이다. 무한하기에 절실함의 여부는 미약할 것이라는 추론도 있다. 반면 육체의 세계는 유한하기에 절실함의 여부는 굉장하다는 생각이다. 육체의 에너지는 생각보다 훨씬 강하고 절실하다. 또한 선한 에너지와 순진한 아름다움이 분명히 있다. (물론 이에 반하는 부정적인 것들도 있다) 정신세계는 이러한 육체세계와 영혼세계와의 관계에서 생성된 독립적인 세계라고 말하게 된다. 이 세계는 육체세계를 관여하기도 하고 관여받기도 한다. 또한 영혼세계와도 상호 상관한다고 믿고 있다. (육체세계는 영혼세계와 상관할 수 없다고 믿고 있다) 이 세계, 즉 정신세계의 어두운 공간을 나는 詩 속에서 그늘이라고 부른다. 이 공간은 인공지능 로봇과 인간의 구분점이 될 것이고 식물이나 동물, 나아가서는 신의 세계와도 구분되는 인간만의 특별한 공간이라는 자긍심을 가지고 있다. (나는 생각, 나아가서는 思考도 육체세계의 일부라는 견해를 가지고 있다. 육체가 있는 모든 존재에게는 사고능력이 있다는 견해다. 사물(사과, 돌, 나무, 물고기, 동물 등)과 인간의 구분점을 나는 영혼이 있고 없음으로 본다. 그렇기에 육체와 영혼의 관계에서 생성된 정신세계가 식물이나 동물에게는 없다고 본다) 이 공간은 본질적 공간이 아니다. 정신세계는 육체세계와 영혼세계와의 관계에서 생성된 세계라는 견해를 말하였다. 다시 말해 창조의 세계라는 말이다. 육체세계(思考, 사유. 상상 등)가 관여할 수 있는 창조의 세계이다. 주관적 해석과 경험에 의해 재구성되는 상상력을 통하여 구미에 맞게 이 세계를 설계하고 자기 가치의 법들을 세울 수 있다는 말이다. 이 나라는 내가 왕이고 내가 백성이다. 모든 결정과 행동을 원하는 대로 할 수 있는 스스로가 세운 나라인 것이다. 그런 나라가 이상점의 나라이고 또한 이상향의 나라가 아니겠는가. 나는 되도록 많은 사람들이 이 나라의 왕이 되기를 권하고 이 나라에서 행복하게 누리기를 바란다. 앞서 정신세계가 육체세계를 관여하기도 하고 관여받기도 한다고 말한 바 있다. 이 세계를 강화시키면 육체세계의 구조를 행복이 더 많은 세계로 재구성할 수 있다는 생각을 가지고 있다. 조금이라도 더 이상향에 가까운 삶, 조금이라도 더 인간에 가까운 공간, 이 공간이야말로 내가 생각할 수 있는 한 가장 이상향의 공간이다. 사람을 가장 이상적인 존재로 보고 싶은 나는 그 공간에서 늘 머물고 싶고(불가능하겠지만) 그 세계가 내게 있어 가장 간절한 세계이다. 천국도 이보다 좋을 수는 없다는 생각이다. 나는 기독교인이지만 천국보다 그 세계가 더 간절하고 좋다. 하여서 더 그립고 늘 꿈꾸고 싶다. 이 공간은 사람을 더 사람답게 하고 感性적인 에너지가 살아 움직인다. 이 공간을 이야기하고 노래하는 데 있어 시의 표현방법은 너무나도 탁월하다는 생각을 한다. 특히 완연히 드러내지 않고 너무 숨기지 않는 은유의 공간이 그렇다. (내 시는 이 공간을 활용하는 데 있어 많이 부족하고 서투르다는 생각을 한다) 물론 다른 장르에서도 은유의 공간은 필요하고 그렇게들 하고 있지만 그것들은 시적 표현의 활용이라는 견해를 가볍게 가지고 있다.

시의 언어는 의미 전달 이전에 정서적 기능으로 작용된다. 여기서 정서적이라는 표현은 내게 있어 그늘적이라는 말과 비슷하다. 시의 언어는 그늘의 공간에서 더욱 빛이 나는 언어라고 나는 생각한다. 아니 시의 언어는 그늘의 공간에 가까울수록 빛이 날 것이라는 강박관념마저 나는 가지고 있다. 그늘의 언어를 지향함에 있어 단편적인 드러내기는 적절하지 않다. 숨기기를 통한 드러내기가 효과적인 방법이라는 생각이다. 나는 이 방법을 사용하고 활용함에 있어 참으로 미숙하다는 생각을 한다. 독자에게 감동은커녕 의미 전달조차 안 되는 현재인 것이다. 참 안타까운 노릇이다. 시를 잘 쓰는 재능이 내게 없다는 결론으로 다소 편안해져 본다. 그래도 내게는 꾸준히 시를 쓰는 우직한 재능이 남들만큼 있다는 위로를 가진다. 그러한 내가 부끄럽지 않다. 영감의 결과치보다 의도와 과정을 나는 우선하기 때문이다. 삶의 선택에서도 그러하다. 행위의 좋은 결과물보다 과정을 우선하고 되도록 한 번이라도 더 그러한 방법을 선택하는 삶을 살고 싶다. 어쩌면 나는 진정한 의미에서의 시인이 되지 못하고 육체적 삶을 마감할지도 모른다. 아쉬움은 있겠지만 큰 불만은 없다. 그 과정만으로도 나는 충분한 행복을 누렸다. 이상점 보다 이상향으로 가는 의도적 과정이 더 가치 있고 인간인 나에게 오히려 더 적당하다는 생각을 가져본다.

내일은 젖어 있는 신발도 그늘 아래서 꿈을 꿀 것이다.

■ 자작시 엿보기

맨밥은 기억처럼 달다(32페이지에 있음)

2009년 6월 불휘출판사에서 발행한 낮은시 동인 5집에 발표된 작품이다.

이 시는 의미 전달이나 완성도에 앞서 제목에서 오는 힘이 다소 있다. '맨밥' 이라는 이미지와 '기억' 이라는 상이한 이미지가 만나는 과정에서 낯설지만 별 거부감 없이 조금의 신선도를 획득한 시어가 되지 않았나 싶다.

제목에서 작자는 주장을 하고 있다. '기억은 달다' 라는 전제를 가지고 이야기를 시작하게 된다. 그것이 '맨밥' 이라는 시어와 만나게 되면서 가벼운, 또는 깨끗하게 시선 끌기에 다소 성공한 듯하다.

먼저 의미 전달에의 지점을 살펴보기로 하자. 1연은 화자의 대상에 대한 부분이다. 대상과 화자는 현재 헤어져 있다는 상황이 드러나 있다. 2연에서 허기를 극복하기 위한 방법으로 味覺적으로 열등한 반찬이 없는 '맨밥' 이라는 가난하고 순수한 사물을 끌어온다. 그러면서 이질적이거나 상관이 없을 듯한 '외로움' 이라는 통속적인 이야기로 들어가게 된다. 현대사회를 보는 화자의 관점을 드러내고 있다. 풍요로운 빈

곤에 휘둘려 사는 현대인의 상태, 구체적으로 아파트에서 사는 사람들을 예화로 들고 있다. 그와 함께 아파트를 외로움의 주거 공간으로 보는 작자의 시선도 밝히고 있다. 3연은 조금, 또는 그 이상으로 갑작스러운 어투를 만나게 된다. 1, 2연과의 간격이 너무 크다. 이 작품의 화자는 여성적인 어투를 가지고 있는데, 3연은 남성적인 어투와 함께 내용도 갑작스럽다. '돌덩이 같은 허공'은 매우 관념적인 자세를 가지고 있다. 암호에 가깝다고 할 만큼 관념적이다. 하지만 헤어진 존재들의 미래에 대한 메시지는 관심을 가져볼 만한 것 같다. '나를 떠난 당신처럼/기억을 놓지 못하고 허공 속을 돌아다니는 것이야'가 그것이다. 헤어진(또는 헤어질) 존재들에 대한 경고가 아닌가 생각한다. 헤어진 존재들은 허공 속을 돌아다니는 것 같은, 잡히는 것 없음처럼 무기력하고 무의미한 미래를 맞게 될 것임을 말하고 있는 듯하다. 4연에서는 작품 제목에서 말한 '기억'에 대한 시각을 보여준다. 기억이 삶에 끼치는 영향을 '기억은 생각이 아니고 움직이는 허공이죠'라고 말하면서 '미래의 기억' 즉, 현재 살고 있는 삶에 대한 조심성을 '나는 미래의 기억이 두려워요'라고 에둘러서 말하고 있다. '사랑이 끝나면 기억은 각각의 옷을 입고서 돌아다니기 시작하죠'라는 말로 기억의 면면을 보여준다. 그리고 그 면면들의 끝점을 '그때부터 시간이 꿈틀거리고 외로움을 멈출 수가 없어요'라고 적시하고 있다. 기억이 달달한 추억이 되든, 씁쓸한 상처가 되든 간에 헤어진 존재들은 외로움을 피할 수 없다는 것이다. '가만히 앉아 격렬했던 기억을 그리워'하게 되고 또다시 '가만히 앉아서' 열정을 '기다리고' 있다는 것이다. 5연은 어린 사람들에 대한 어른들의 관심에 관한 호소와 어린 사람들의 현재를 아쉬워하고 화자의 안타까움도 함께 엿볼 수 있다. 하지만 5연은 이 작품과 동떨어져 따로 있는 듯하다. 그래서 '추신'이라고 한 것일까? 그렇다고 해도 참 안일한 자세임을 말하지 않을 수 없다.

이 작품은 '맨밥'의 이미지가 의미 전달에 실패함으로써 관념적인 자세를 극복하지 못하지 않았는가 한다. 그리고 상상의 간격이 너무 멀어 독자를 지치게 하고 더 이상 읽고 싶지 않은 시가 될 수도 있다는 생각을 하게 된다.

나는 봄을 기다린다(96페이지에 있음)

2019년 12월 도서출판 「두엄」에서 발행된 『경남작가』 36호에 실린 작품이다.

사람은 누구나 봄을 기다린다. 물론 1차적인 봄을 기다린다는 말은 아니다. 자신의 삶이 꽃이 되고, 그 꽃이 떨어지는 꽃이 아니고 이제 비로소 피어나기 시작하는 꽃이 되는 그것은 참으로 멋이 있고 싱그러운 일이 아닐 수 없다. 그런 봄을 기다린다는 것은 당연한 것임에도 불구하고 작자는 시에 있어 死語가 될 수 있는 '나는'이라는 주어를 사용하면서까지 '봄을 기다린다'라고 적시한다. 그것은 작자의 현재가 봄이 아니라는 것과 봄에 대한 기다림이 간절하기 때문일 것이다. 1연 2행으로 된 이 시에서 '두렵고 조용하게'라는 부분을 1행으로 따로 준 것은 화자의 현재가 봄이 아님의 역설적 표현임과 함께 '봄을 기다'리는 자신의 행위가 틀리거나 올바르지 않을 수 있다는 두려움을 잊지 말고 '봄을 기다'리는 세월이 조용하고 진중해야 한다는 스스로에의 경고가 결코 가볍지 않다는 것이 아닌가 싶다.

하여서 2행 첫 번째 줄에서 '낮달의 우울한 기억으로 걸어보아라'라고 스스로에게 권고하는 것이다. 이어서 나오는 시어 '바늘귀 같은 바람'은 매우 모호한 자세를 취하고 있다.

'바늘귀'와 '바람'이 서로 개연성을 획득하지 못하고 있을뿐더러 1차적 의미가 더 어려워지는 상태가 되고 말았다. 어쩌면 작자가 멋 부리기에 치중하여 군더더기가 될 수 있음을 간과하지 않았나 싶다. 2행 두 번째 줄과 세 번째 줄에 나오는 '아침 햇살보다 오래된 피부가 현관문을 들어서면'이라는 표현은 나이가 들었다는 의미 전달과 함께 시어로서도 다소 성공한 듯하다. 2행 세 번째 줄의 '어린 나의 신부'는 어떤 존재일까? 하는 호기심이 생긴다. '어린 나의 신부'에 관한 정보는 2행 세 번째 줄의 '현관문을 들어서면' 만나게 되는 존재임과 '어린'이라는 화자보다 나이가 적다는 1차적 의미와 아직은 완성이 되지 않은 미완의 상태라는 2차적 의미를 담고 있는 부분과 네 번째 줄에 '만지작거리던 슬픔으로'에서 슬픔을 가지고 놀고 있거나 슬픔을 화자에게 건네주고자 하는 존재, 그리고 2행 여섯 번째 줄에 '봄비처럼 나지막하게 걸어' 올 것임을 예측하거나 기다리는 존재라는 그것들이다. 아마도 이 '어린 신부'는 화자가 만나고 싶은 화자 내면의 이상향이 아닌가 싶다.

2행 네 번째 줄에 나오는 '아픔이 그리운 밤'과 다섯 번째 줄에 나오는 '두렵고 조용한 기쁨'은 다소 무리가 있다. 아픔과 두려움은 인간이 기피하는 대상인데 아무런 설득의 요소 없이 말함으로 해서 개연성 획득에 실패한, 그저 멋 부리기에만 그치지 않았나 싶다.

2행 일곱 번째와 여덟 번째 줄의 '하우스에서 자란 노란 향기의 봄나물과 옛 애인들의 낡은 접시'라는 표현은 1차적인 표현만으로도 다소 신선하다 할 수 있겠다. 이어 '나는 잠시 울고 싶어라'라는 화자의 의지를 더함으로 해서 '하우스에서 자란 노란 향기의 봄나물'과 '옛 애인들의 낡은 접시'의 2차적인 의미에 접근할 수 있는 근거를 획득하지 않았나 싶다.

아홉 번째 줄에 나오는 '그늘이 그늘을 사랑해야 할 때 저녁노래처럼 그렇게 울고 싶어라'는 마무리를 급하게 한 듯하다. '그늘'이 시어가 되지 못하고 관념적 상태에 머물러 있다. '저녁노래처럼 그렇게 울고 싶어라' 역시 상투적 자세에서 벗어나지 못하지 않았나 싶다.

이 작품은 '봄'이라는 긍정적인 이미지와 '낡은 화단 옆으로 언뜻언뜻 지나가'는 '바늘귀 같은 바람'이 만나는 과정이 결코 부자연스럽지 않다. 거기에 '아침 햇살보다 오래된 피부'가 '어린 나의 신부'를 만나게 되는 과정을 '저녁노래처럼 그렇게 울고 싶어라'라고 이야기함으로써 '봄을 기다'리는 행위의 구체화가 이루어진 듯하다. 그 효과로 울음이 노래가 되는 역설적 표현이 다소 성공하지 않았는가 싶다. 하지만 군데군데 관념적 자세들이 보이고 개연성을 획득하지 못한 멋 부리기들이 세부적으로 시를 어렵게 하지 않았나 싶다.

새벽 세시에 대하여 (130페이지에 있음)

1993년 8월 습작 시기에 인쇄소에서 묶은 다섯 번째 습작 시집 『새벽 세시에 대하여』에 실린 글이다.

이 시는 '새벽 세시'라는 時刻에 대한 개인적 정의를 밝히는 과정이 독특하다. 하지만 완성도도 그렇거니와 의미 전달의 난해성, 시어의 不在, 지나친 시어의 암호화 등등이 독자로 하여 짜증에 이르게 하는 안타까운 재주가 있음을 말하지 않을 수 없다.

먼저 '새벽 세시에 대하여' 제목부터 건조한 난해성을 지니고 있다. 1연에서 '새벽 세시'라는 時刻을 '천사를 닮은 장미/정원에서/돌아설 수 있는 시간'이라고 정의하고 있다. 이상향의 이미지를 지닌 '천사'가 '장미'와의 개연성 부족으로 의미를 추적하기가 힘들게 되었다. 게다가 '돌아설 수 있는'이란 표현이 '새벽 세시'에 대한 의미를 더욱 암호화시키고 있다. 이어 '다시 말해서 환자의 정서'라고 덧붙이지만 그마저 모호하다. '환자의 정서'에 관한 정보는 그 어디에서도 찾기 힘들다. 단지 '돌아설 수 있는 시간'이라는 건조하고 모호한 정보만을 얻게 된다. 1연 1행에서 '새벽 세시' 즉 '돌아설 수 있는 시간'의 필요성에 관한 언급을 하고 있다. '정신과 의사 자격증을 가진 환자의 방에서 가장 가치 있는 것을 원할 때' '새벽 세시'가 필요하다는 것이다. 화자는 스스로를 '환자'라고 밝히고 있다. 그것도 '정신과 자격증'을 딴 '환자'이다. '정신과 자격증을 가진 환자'라니 참 의아하고 교만한 자세가 아닌가 싶다. 어쨌든 간에 그러한 '환자의 방' 즉 환자의 세계에서 '가장 가치 있는 것'이 '천사를 닮은 장미/정원에서/돌아'서는 것이라는 말이다. 1차적인 검증도 이루어지기에 쉽지 않다. 이상향의 존재와 닮은 사물(장미)의 세계(정원)에서 '돌아'서는 것이 '가장 가치 있는 것'이라는 괴이한 시각을 드러내고 있는 것이다. 4연에서의 '그리움'이란 언급을 감안하면 '장미'는 이상적인 여성과 닮은 여성이 아닐까 하는 생각을 하게 된다.

2연에서 '천사를 그리워하는 것'과 '천사'를 '기다'리는 '시작'점을 '장미를 외면'하는 것이라고 말한다. 차선은 염두에 두지 않겠다는 말이다. '더 닮았는지/또는 아닌지를 정할 수 없는/코스모스 혹은 플라타너스의 방'은 일말의 개연성도 찾기가 힘들다. 억지로 찾아보자면 '장미'와 '코스모스'가 꽃이라는 것이다. '플라타너스'는 교정이나 가로수로 흔히 볼 수 있는 나무이다. 이 '플라타너스'와 '코스모스'가 아무런 장치 없이 비교되고 거기에 '방'이란 공간을 부여함으로 더욱 난감하지 않을 수 없다.

3연은 1차적 의미의 부분이다. '신혼의 침실'을 '꾸미'는 '연한 햇살'과 '하얀 와이셔츠를 입은 서정의 호흡들을 안고' '송도 연인들의 해변에서' 2백 원짜리 자판기 '커피를 마신다'는 것이다. 1차적 부분임에도 '햇살'과 '호흡'에의 꾸밈이 길어 매끄럽지 않고 애써 거칠게 만들지 않았는가 싶다.

4연 1행에서 5행까지 와 6행, 7행의 거리가 극명하다. 1차적으로도 거리가 있고 2차적인 거리도 무한에 가깝게 멀다는 생각을 하게 된다. 여기저기 군더더기가 많이 보인다. 1행의 '그리움은 광복동 거리에도 있고 광안리, 연산3동에도 있다'는 일반적이긴 하지만 시어가 될 수도 있다는 생각이다.

5연의 마무리는 무리 없이 된 듯하다. '날이 선 애수'가 모호한 자세를 취하고 있지만 '날이 선'과 '애수'가 이질적이지 않고 '덤으로 가질 수 있는 기다림'도 신선도는 부족하지만 시어가 될 수도 있겠다는 생각이 든다.

이 시를 쓴 시기가 습작을 시작한 지 10년이 되었고 이 시가 실린 인쇄물이 5집임을 감안해볼 때 습작의 시기가 많이 더디었음을 알 수 있겠다. 삼가 작자의 시 쓰는 재주 없음에 명복을 빈다.

■ 격려 글

내 친구 김성우

김성우에 대한 나의 우정을 먼저 고백해야 할 것 같다. 그와는 방송대학교 재학 시절, 「길샘 문학회」라는 문학 동아리에서 처음으로 만났으니 우리의 만남도 어언 20년의 세월이 다가온다.

내 삶의 가장 불안정한 시기에 그를 만났고, 그로 인해 세상을 보는 창 하나를 얻었다. 그 창을 통해서 본 세상은 매우 복잡하고 다채로웠다.

나는 늘 같은 자리에 같은 자세로 서 있는 사람이었다. 부끄러운 일이지만 그 시절의 나에게 문학이란 상처를 치유받는 재생의 세계였고, 속박되어 있는 마음에서 탈출구를 찾는 곳이었다. 그런 나에게 김성우라는 사람은 사실 좀 어려웠다. 그의 시가 그랬고 그의 삶의 방식에서 오는 이질감도 그랬다.

서둘러 읽으려는 내 눈에는 그의 시의 은유와 알레고리를 어떻게 읽어야 할지 난감하기도 했다. 그런 나에게 그는 빠른 속도를 요구하지 않았고 시에 가까이 다가가는 과정에 더 정성을 쏟았다.

삶의 중간중간 급브레이크를 밟아대는 그의 성정은 바라보는 쪽이 외려 조마조마 해질 때도 있었다. 그러나 그는 삶을 대하는 자세가 남루하지 않았고 자유로웠다. 여유가 있었고 무한 긍정이 있었다. 그 여유가 어쩐지 나에게도 위로가 되었고 그 긍정이 시치미를 뚝 뗀 듯 흘가분했다.

그가 신탁을 받았다면 아마 평생 시를 써야 한다는 것이리라. 부산상고 문예부 시절부터이니 詩作 생활 40년이 가까워 온다. 필립로스는 그의 〈에브리맨〉에서 이런 말을 했다.

'영감을 찾는 사람은 아마추어이고, 우리는 그냥 일어나서 일을 하러 간다'고 했다. 그는 어쭙잖은 영감설을 얘기하지 않는다. 순간의 영감을 붙잡아 40년을 갈 수는 없지 않은가?

관계의 빈곤을 말하는 시대에 그동안 그는 시를 매개체로 사람을 사랑하고 사랑을 실천하는 일을 꾸준히 해왔다. 진한 사랑일수록 그 그림자도 짙다는 사실, 그래서인지 그에겐 그늘이란 유혹적이다. 그늘을 가진 사람을 사랑하려 기를 쓴다. 그늘의 힘을 빌려 진한 페이소스(Pathos)를 자아내는 시를 쓰고 싶어 한다. 왜냐하면 그는 그늘만이 온전한 인간을 향해 갈 수 있다고 믿기 때문이다.

흔들릴지언정 무너지지 않고 묵묵히 한 길을 걸어왔던 그에게 박수를 보낸다. 같은 길을 걸으면서 늘 사랑과 지지를 보내는 감정의 결이 섬세한 사람을 아내로 둔 억세게 운 좋은 사람…….

내 친구 김성우. 축하한다 친구야!

넌 진정한 프로야! 2번째 시집 출간도 기대할게.

2020년 2월 박현숙

그늘의 집

2020년 4월 15일 초판1쇄 찍음
2020년 4월 20일 초판1쇄 펴냄

지은이 _ 김성우
펴낸이 _ 나문석
편 집 _ 장상호
디자인 _ 김옥경

펴 낸 곳 _ 도서출판 두엄
등록번호 _ 제03-01-503호
주 소 _ (41969) 대구광역시 중구 명륜로12길 21
대표전화 _ (053) 423-2214
전자우편 _ dueum@hanmail.net

ISBN 978-89-85645-90-4 03810

이 도서의 국립중앙도서관 출판예정도서목록(CIP)은 서지정보유통지원시스템 홈페이지(http://seoji.nl.go.kr)와 국가자료공동목록시스템(http://www.nl.go.kr/kolisnet)에서 이용하실 수 있습니다.(CIP제어번호: CIP2020014228)